YUNAN YOĞURT ODYSSEY'İ

Yunan Yoğurtunda Bir Yolculuk. Kahvaltıdan Tatlıya, Kremalı ve Besleyici Sihri Ortaya Çıkarıyoruz

Sudenaz Sari

Telif Hakkı Malzemesi ©2023

Her hakkı saklıdır

Bu kitabın hiçbir bölümü, incelemede kullanılan kısa alıntılar dışında, yayıncının ve telif hakkı sahibinin uygun yazılı izni olmadan, hiçbir şekilde veya yöntemle kullanılamaz veya aktarılamaz. Bu kitap tıbbi, hukuki veya diğer profesyonel tavsiyelerin yerine geçmemelidir.

İÇİNDEKİLER

- İÇİNDEKİLER 3
- **GİRİIŞ** 6
- **KAHVALTI PARFELERİ** 7
  1. Yunan Yoğurt Berry Bliss Parfe 8
  2. Mocha Kahvaltı Parfesi 10
  3. Limoncello Yunan Yoğurtlu Parfe 12
  4. Petekli Yunan Yoğurtlu Parfe 14
  5. Prosecco Yunan Yoğurtlu Parfe 16
  6. Petek Tahıllı Parfe 18
  7. Yunan Yoğurtlu Biscoff Parfe 20
  8. Gecelik Yulaf Petekli Şeker 22
  9. Mısır gevreği Yunan Yoğurtlu Parfe 24
  10. Ferrero Rocher Kahvaltı Parfesi 26
  11. Hibiskuslu Yoğurtlu Parfe 28
  12. Mason kavanozu chia Parfe 30
  13. Greyfurtlu Yoğurtlu Parfe 32
  14. Kahlua Kahvaltı Parfesi 34
  15. Istakoz ve Mango Parfe 36
  16. **Nane ve Şeftali Kahvaltı Parfesi** 38
  17. Tutku Meyveli Yoğurt Parfe 40
  18. Piña Colada Kahvaltı Parfesi 42
  19. Kara Orman Huş Ağacı 44
  20. Izgara Şeftali ve Yoğurt Parfe 46
  21. Pavlova Parfe 48
  22. PB&J Yoğurtlu Parfe 50
  23. Armut Fıstıklı Parfe Kavanozları 52
  24. Kelebek Bezelye ve Chia Tohumlu Parfe 54
- **KREP** 56
  25. Doğum günü sürprizi krepler 57
  26. Yunan Yoğurtlu Quinoa krepleri 59
  27. Yunan yoğurtlu yulaf ezmeli krep 61
  28. Vanilyalı bademli krep 63
  29. Fıstıklı, muzlu ve çikolatalı krep 65
  30. Muzlu ekmek krepleri 67
  31. Çilekli cheesecake krep 69
  32. Meksika çikolatalı krepleri 71
  33. Yaban mersinli mangolu krep 73
  34. Piña colada krepleri 75
  35. Muzlu yaban mersinli krep 77

36. Çilekli muzlu krep 79
37. Zencefilli kurabiye 81
SMOOTHIE VE SMOOTHIE KASELERİ 83
38. Yunan Yoğurtlu Biscoff Smoothie Bowl 84
39. Jack Daniel'ın Yaban Mersinli Smoothie'si 86
40. Jack Daniel'ın Çikolatalı Smoothie'si 88
41. Petek Şekerli Yoğurt Kasesi 90
42. Mısır Gevreği-Böğürtlenli Smoothie Kasesi 92
43. Hibiscus Smoothie Kasesi 94
44. Jack Daniel'ın Şeftali Smoothie'si 96
45. Çilekli Smoothie 98
46. Kahlua Smoothie 100
47. Nane ve Çilek Smoothie 102
48. Kremalı Amerikan Peynirli Smoothie 104
49. Badem Sevinçli Smoothie 106
50. Kara orman smoothie'si 108
51. Ejder Meyvesi ve Granola Yoğurt Kasesi 110
52. Meyveli Ejderha Meyveli Smoothie 112
53. Klasik Nutellalı Smoothie 114
54. Ahududu Nutellalı Smoothie'ler 116
55. Şeftali ve Mikro Yeşillikli Açaí Kasesi 118
56. Pavlova Kinoa Kasesi 120
57. Ube ve Muz Kasesi 122
ATIŞTIRMALIKLAR VE MEZELER 124
58. Yunan Yoğurt Kaplı Kraker 125
59. Yoğurtlu kayısı soslu otlu börek 127
60. Fıstıklı Limonlu Donut 129
61. Tiramisu Protein Barları 132
62. Tiramisu Muffinleri 135
63. Ispanaklı ve Beyaz Peynirli Çörekler 137
64. Sırlanmış Kabarık Çikolatalı Donutlar 139
65. Hava Fritözü Pop-Tartlar 142
DIP'ler 144
66. Limoncello Yunan Yoğurt Sosu 145
67. Öğle Yemeği Kutusu Çilekli Yoğurt Sosu 147
68. Çiftlik daldırma 149
69. Sarımsak ve pastırma sosu 151
70. Konfeti Kek Hamuru Sosu 153
71. Hibiscus Yoğurt Sosu 155
72. Greyfurt ve Yoğurt Sosu 157

73. Nane Yoğurt Sosu 159
ANA DİL **161**
74. Hibiskus Siyah Fasulye Çorbası 162
75. Yoğurt Soslu Kuzu Köfte 164
76. Somon ve yumurta sarma 167
77. Tavada Kızarmış Somonlu Limonlu Pilav 169
78. Naneli somon salatası 171
79. Katmanlı meyve ve karides salatası 173
80. Sağlıklı Ejderha Meyveli Waldorf Salatası 175
81. Ejder Meyvesi ve Yengeç Salatası 177
82. Taze Meyveli Tacolar 179
83. Baharatlı ton balıklı kaseler 181
TATLI **183**
84. Snickers Dondurulmuş Yoğurt 184
85. Limoncello Yaban Mersinli Dondurulmuş Yoğurt 186
86. Yunan Yoğurtlu Marshmallow Mus 188
87. Doğum Günü Kahvaltısı Pazarları 190
88. Mango ve yoğurt aptalı 192
89. Matcha, Yuzu ve Mangolu Dondurmalar 194
90. Pişirmesiz Çarkıfelek Meyveli Cheesecake 196
91. Alaska deniz ürünleri turtaları 199
92. Amaretti bisküvili dondurma 201
93. Yunan Affogato'su 203
94. Romlu Altın İncir Buz 205
95. Portakal Likörü ve Gülsuyu Dondurması 207
96. Hurma Püreli Yunan Yoğurtlu Panna Cotta 209
97. Açaí Dondurmaları 212
98. Çıtır çıtır yoğurtlu şekerler 214
99. Ahududu Yoğurtlu Dondurmalar 216
100. Balkabaklı Turta Cheesecake Kaseleri 218
ÇÖZÜM **221**

GİRİŞ

Yunan yoğurtunun büyüleyici dünyasına hoş geldiniz! Bu yemek kitabında sizi, bu sevilen sütlü lezzetin çok yönlülüğünü ve sağlıklı faydalarını kutlayan bir mutfak macerasına davet ediyoruz. Yunan yoğurdu, kahvaltı kaselerinden lezzetli yemeklere ve lezzetli tatlılardan serinletici içeceklere kadar her yemeğe kremsi ve besleyici bir dokunuş katan çok yönlü bir malzemedir.

Zengin ve kadifemsi dokusuyla Yunan yoğurdu dünya çapında mutfakların vazgeçilmezi haline geldi. Keskin tadı ve probiyotik faydalarıyla bilinen Yunan yoğurdu, hem sağlıklı hem de leziz mutfak başyapıtları yaratmak için sayısız fırsat sunuyor. Bu yemek kitabında sizi Yunan yoğurdunun merkezde yer aldığı ve günün her öğününde kremamsı potansiyelini kucaklamanız için size ilham veren bir yolculuğa davet ediyoruz. Bu sayfalarda Yunan yoğurtunun çok yönlülüğünü sergileyen nefis tariflerden oluşan bir hazine keşfedeceksiniz. Protein dolu smoothie'ler ve parfelerden leziz soslara ve dip soslara, rahatlatıcı çorbalar ve marinatlardan leziz tatlılar ve dondurulmuş ikramlara kadar tüm damak zevklerini ve diyet tercihlerini tatmin edecek bir koleksiyon hazırladık. İster sağlık bilincine sahip bir birey olun,

Ancak bu yemek kitabı, bir yemek tarifleri derlemesinden çok daha fazlasıdır. Ayrıca Yunan yoğurtunun dünyasını da keşfederek, onun tarihini, sağlığa faydalarını ve bu enfes malzemeyi seçme ve kullanmayla ilgili ipuçlarını paylaşıyoruz. Size farklı Yunan yoğurdu türleri konusunda rehberlik edeceğiz ve evde kendi yoğurdunuzu nasıl yapacağınızı öğreterek yoğurt deneyiminizi gerçekten kişiselleştirmenize olanak sağlayacağız. Yararlı ipuçlarımız ve alternatiflerimiz sayesinde tarifleri diyet ihtiyaçlarınıza ve tercihlerinize göre uyarlayabileceksiniz.

Yani ister güne protein dolu bir kahvaltıyla başlamak isteyin, ister sağlıklı bir öğle veya akşam yemeği hazırlayın, ister suçluluk duymadan bir tatlıyla kendinizi şımartın. Lezzetli bir maceraya atılmaya ve Yunan yoğurtunun mutfak kreasyonlarınızı zenginleştirebileceği sayısız yolu keşfetmeye hazır olun.

KAHVALTI PARFELERİ

1.Yunan Yoğurt Berry Bliss Parfe

İÇİNDEKİLER:
- 1 su bardağı karışık meyveler
- 1 bardak Yunan yoğurdu
- ½ bardak granola
- 2 yemek kaşığı bal

TALİMATLAR:

a) Bir bardak veya kavanozun içine, karışık meyvelerin yarısını tabana katlayın.
b) Yunan yoğurtunun yarısını meyvelerin üzerine dökün.
c) Granolanın yarısını yoğurdun üzerine serpin.
d) Bir yemek kaşığı bal ile gezdirin.
e) Katmanları kalan meyveler, yoğurt, granola ve balla tekrarlayın.
f) Hemen servis yapın veya daha sonra keyif almak için buzdolabında saklayın.

2.Mocha Kahvaltı Parfesi

İÇİNDEKİLER:
- 1 bardak Yunan yoğurdu
- 1 yemek kaşığı kakao tozu
- 1 yemek kaşığı hazır kahve granülü
- 1 yemek kaşığı bal veya tercih edilen tatlandırıcı
- Katmanlama için granola ve taze meyveler

TALİMATLAR:
a) Bir kapta Yunan yoğurdu, kakao tozu, hazır kahve granülleri ve balı birleştirin.
b) Karışım pürüzsüz hale gelinceye ve malzemeler tamamen birleşene kadar iyice karıştırın.
c) Bir cam kavanoza mocha yoğurt karışımını granola ve taze meyvelerle katlayın.
d) Bardağı veya kavanozu doldurana kadar katmanları tekrarlayın.
e) Üstüne bir parça mocha yoğurdu ekleyin ve meyvelerle süsleyin.
f) Mocha kahvaltı parfesini hemen servis edin veya tadını çıkarmaya hazır olana kadar buzdolabında saklayın.

3.Limoncello Yunan Yoğurt Parfe

İÇİNDEKİLER:
- 1 bardak Yunan yoğurdu
- 1 yemek kaşığı bal
- 1 yemek kaşığı Limoncello likörü
- ½ bardak granola
- Üzeri için taze meyveler

TALİMATLAR:
a) Küçük bir kapta Yunan yoğurtunu, balı ve Limoncello'yu iyice birleşene kadar karıştırın.
b) Servis bardaklarına veya kaselere yoğurt karışımını granola ve taze meyvelerle katlayın.
c) En üste ulaşana kadar katmanları tekrarlayın.
d) Üzerine bir tutam granola ve birkaç tane çilek ekleyerek bitirin.
e) Serinletici ve hafif bir kahvaltı veya brunch seçeneği olarak hemen servis yapın.

4.Petek Yunan Yoğurt Parfe

İÇİNDEKİLER:
- 1 bardak Yunan yoğurdu
- 2 yemek kaşığı bal
- ¼ bardak ezilmiş petek şekeri
- ¼ bardak granola
- Üzeri için taze meyveler (isteğe bağlı)

TALİMATLAR:
a) Bir kapta Yunan yoğurdu ve balı iyice birleşene kadar karıştırın.
b) Ballı yoğurdu, ezilmiş petek şekerini ve granolayı bir bardak veya kavanoza katlayın.
c) Tüm malzemeler kullanılıncaya kadar katmanları tekrarlayın.
d) İstenirse üzerine taze meyveler eklenir.
e) Petek yoğurtlu parfeyi hemen servis edin veya tadını çıkarıncaya kadar buzdolabında saklayın.

5.Prosecco Yunan Yoğurtlu Parfe

İÇİNDEKİLER:
- 1 bardak Yunan yoğurdu
- 2 yemek kaşığı bal
- ½ çay kaşığı vanilya özü
- 1 bardak granola
- 1 su bardağı karışık taze meyveler
- ¼ bardak Prosecco

TALİMATLAR:

a) Küçük bir kapta Yunan yoğurtunu, balı ve vanilya özünü pürüzsüz hale gelinceye kadar çırpın.

b) Servis bardaklarına veya kaselere Yunan yoğurt karışımını, granolayı, taze meyveleri ve bir çiseleyen Prosecco'yu katlayın.

c) Malzemeler kullanılıncaya kadar katmanları tekrarlayın, üzerine bir parça Yunan yoğurdu ve bir tutam granola serpin.

d) Hemen Prosecco ile zenginleştirilmiş enfes yoğurtlu parfe olarak servis yapın.

6.Petek Tahıllı Parfe

İÇİNDEKİLER:
- 1 su bardağı petek mısır gevreği
- 1 bardak Yunan yoğurdu
- 1 su bardağı karışık taze meyveler
- Üzerine sürmek için bal

TALİMATLAR:
a) Bir bardak veya kavanozun içine bal petekli mısır gevreğini, Yunan yoğurdu ve karışık taze meyveleri katlayın.
b) Her katmanın üzerine bal gezdirin.
c) Malzemeler kullanılıncaya kadar katmanları tekrarlayın.
d) Üstüne fazladan çiseleyen bal ve birkaç bal peteği tahıl parçasını ekleyin.
e) Bu çıtır ve tatlı bal peteği tahıllı parfeyi servis edin ve tadını çıkarın.

7.Yunan Yoğurtlu Biscoff Parfe

İÇİNDEKİLER:

- 1 bardak Yunan yoğurdu
- 2 yemek kaşığı Biscoff kreması
- 1 yemek kaşığı bal veya akçaağaç şurubu
- ½ bardak granola
- Taze meyveler (çilek, yaban mersini, ahududu)
- Biscoff kurabiye kırıntıları (süslemek için)

TALİMATLAR:

a) Bir kasede Yunan yoğurdu, Biscoff kreması ve bal veya akçaağaç şurubunu iyice birleşene kadar karıştırın.

b) Servis bardaklarına veya kavanozlara Biscoff yoğurt karışımını, granolayı ve taze meyveleri katlayın.

c) Bardaklar/kavanozlar dolana kadar katmanları tekrarlayın.

d) Ekstra çıtırlık ve lezzet için üstüne bir tutam Biscoff kurabiye kırıntısı ekleyin.

e) Biscoff kahvaltı parfesini soğutulmuş olarak servis edin ve kremsi, meyveli ve çıtır kombinasyonun tadını çıkarın.

8.Petek Şekeri Gecelik Yulaf

İÇİNDEKİLER:
- ½ bardak haddelenmiş yulaf
- ½ bardak süt (süt veya bitki bazlı)
- ½ bardak Yunan yoğurdu
- 1 yemek kaşığı bal
- ¼ fincan bal peteği şekeri, ezilmiş
- Üzeri için taze meyve

TALİMATLAR:

a) Bir kavanoz veya kapta yulaf ezmesini, sütü, Yunan yoğurtunu ve balı birleştirin.
b) Birleştirmek için iyice karıştırın.
c) Karışımın üzerine ezilmiş petek şekeri serpin.
d) Kavanozu veya kabı kapatın ve gece boyunca buzdolabında bekletin.
e) Sabah yulafları iyice karıştırın.
f) Üzerine taze meyve ve ilave olarak ezilmiş bal peteği şekeri ekleyin.
g) Bu kolay ve lezzetli bal peteği şekerinin bir gecede yulafın tadını çıkarın.

9.Mısır gevreği Yunan yoğurtlu parfe

İÇİNDEKİLER:
- 1 bardak Yunan yoğurdu
- 1 su bardağı taze meyveler (çilek, yaban mersini veya ahududu gibi)
- ½ su bardağı ezilmiş mısır gevreği
- Üzerine serpmek için bal veya akçaağaç şurubu

TALİMATLAR:
a) Bir bardak veya kaseye Yunan yoğurtunu, taze meyveleri ve ezilmiş mısır gevreğini katlayın.
b) Tüm malzemeler kullanılıncaya kadar katmanları tekrarlayın.
c) Bal veya akçaağaç şurubu gezdirin.
d) Hemen servis yapın ve tadını çıkarın!

10. Ferrero Rocher Kahvaltı Parfesi

İÇİNDEKİLER:
- 1 bardak Yunan yoğurdu
- ½ bardak granola
- 4 Ferrero Rocher çikolata, doğranmış
- Süslemek için kıyılmış fındık

TALİMATLAR:
a) Bir bardak veya kavanozun içine Yunan yoğurtunu, granolayı ve doğranmış Ferrero Rocher çikolatalarını katlayın.
b) Camın tepesine ulaşana kadar katmanları tekrarlayın.
c) Bir parça Yunan yoğurdu ve bir tutam kıyılmış fındıkla bitirin.
d) Parfeyi hemen servis edin veya tadını çıkarmaya hazır olana kadar buzdolabında saklayın.

11.Hibiskuslu Yoğurtlu Parfe

İÇİNDEKİLER:
- 1 bardak Yunan yoğurdu veya bitki bazlı yoğurt
- 2 yemek kaşığı ebegümeci şurubu veya ebegümeci çayı konsantresi
- Taze meyveler (çilek, yaban mersini veya ahududu gibi)
- Üzeri için granola veya fındık

TALİMATLAR:
a) Bir kasede Yunan yoğurtunu ve ebegümeci şurubunu veya çay konsantresini iyice birleşene kadar karıştırın.
b) Ebegümeci ile demlenmiş yoğurdu, taze meyveleri ve granola veya fındıkları bir cam kavanoza katlayın.
c) Tüm malzemeler kullanılıncaya kadar katmanları tekrarlayın.
d) Parfenin üzerine ilave taze meyveler ve bir tutam granola veya fındık serpin.
e) Ebegümeci aromalı yoğurtlu parfeyi hemen servis edin ve enfes ve besleyici bir kahvaltının tadını çıkarın.

12.Mason kavanozu chia Parfe

İÇİNDEKİLER:
- 1 ¼ bardak %2 süt
- 1 bardak %2 sade Yunan yoğurdu
- ½ su bardağı chia tohumu
- 2 yemek kaşığı bal
- 2 yemek kaşığı şeker
- 1 yemek kaşığı portakal kabuğu rendesi
- 2 çay kaşığı vanilya özü
- ¾ bardak dilimlenmiş portakal
- ¾ bardak dilimlenmiş mandalina
- ½ fincan dilimlenmiş greyfurt

TALİMATLAR:
a) Büyük bir kapta sütü, Yunan yoğurtunu, chia tohumlarını, balı, şekeri, portakal kabuğu rendesini, vanilyayı ve tuzu iyice birleşene kadar çırpın.

b) Karışımı eşit olarak dört (16 ons) kavanoza bölün. Gece boyunca veya 5 güne kadar buzdolabında saklayın.

c) Üzerine portakal, mandalina ve greyfurt ekleyerek soğuk servis yapın.

13.Greyfurtlu Yoğurt Parfe

İÇİNDEKİLER:
- 1 greyfurt, parçalara ayrılmış
- 1 bardak sade Yunan yoğurdu
- 2 yemek kaşığı bal
- ¼ bardak granola

TALİMATLAR:
a) Küçük bir kapta yoğurt ve balı karıştırın.
b) Bir bardak veya kaseye greyfurt dilimlerini, yoğurt karışımını ve granolayı katlayın.
c) Tüm malzemeler bitene kadar katmanları tekrarlayın.
d) Derhal servis yapın.

14.Kahlua Kahvaltı Parfesi

İÇİNDEKİLER:
- 1 bardak Yunan yoğurdu
- 2 yemek kaşığı bal
- 2 yemek kaşığı Kahlua
- ½ bardak granola
- Taze meyveler (örneğin çilek, yaban mersini, ahududu)
- Kıyılmış fındık (isteğe bağlı)

TALİMATLAR:
a) Küçük bir kapta Yunan yoğurdu, bal ve Kahlua'yı birlikte çırpın.
b) Bir bardak veya kaseye Kahlua yoğurdu, granola ve taze meyveleri katlayın ve tekrarlayın.
c) İsteğe göre üzerine kıyılmış fındık serpebilirsiniz.
d) Sağlıklı ve lezzetli bir sabah ikramı olarak Kahlua kahvaltı parfesinin tadını çıkarın.

15.Istakoz ve Mango Parfe

İÇİNDEKİLER:
- 2 ıstakoz kuyruğu, pişmiş ve doğranmış
- 2 olgun mango, soyulmuş ve doğranmış
- 1 bardak Yunan yoğurdu
- 1 yemek kaşığı bal
- ¼ bardak ezilmiş graham kraker
- Süslemek için taze nane yaprakları

TALİMATLAR:
a) Küçük bir kapta Yunan yoğurtunu ve balı iyice birleşene kadar karıştırın.
b) Servis bardaklarına veya kaselere doğranmış mangoları, doğranmış ıstakoz etini ve ballı yoğurt karışımını katlayın.
c) Bardaklar dolana kadar katmanları tekrarlayın.
d) Her parfenin üzerine ezilmiş graham krakerlerini serpin.
e) Taze nane yapraklarıyla süsleyin.
f) Tatların birbirine karışmasını sağlamak için servis yapmadan önce en az 1 saat buzdolabında bekletin.
g) Soğutulmuş olarak servis yapın ve bu enfes parfede ıstakoz ve mangonun canlandırıcı kombinasyonunun tadını çıkarın.

16. Nane ve Şeftali Kahvaltı Parfesi

İÇİNDEKİLER:
- ½ bardak haddelenmiş yulaf
- ½ bardak şekersiz vanilyalı badem sütü
- ½ bardak sade Yunan yoğurdu
- 1 şeftali, doğranmış
- 1 yemek kaşığı bal
- 1 yemek kaşığı doğranmış taze nane yaprağı
- 1 yemek kaşığı kıyılmış fındık (badem veya ceviz gibi)

TALİMATLAR:
a) Bir kapta yulaf ezmesini ve badem sütünü birleştirin.
b) Karıştırmak. Kaseyi kapatın ve gece boyunca buzdolabında bekletin.
c) Sabah yulaf karışımını, süzme yoğurdu, doğranmış şeftaliyi, balı, nane yapraklarını ve doğranmış fındıkları bir parfe bardağına veya kavanoza katlayın.
d) Tüm malzemeler bitene kadar katmanlamayı tekrarlayın.
e) Hemen servis yapın veya üzerini kapatıp daha sonra kullanmak üzere buzdolabında saklayın.
f) Eğlence!

17. Çarkıfelek Meyveli Yoğurt Parfe

İÇİNDEKİLER:
- 2 bardak sade Yunan yoğurdu
- ½ fincan çarkıfelek meyvesi posası
- ¼ fincan bal
- 1 bardak granola

TALİMATLAR:

a) Bir karıştırma kabında Yunan yoğurdu, çarkıfelek meyvesi posası ve balı birleştirin.
b) Yoğurt karışımını ve granolayı bir bardağa veya kavanoza katlayın.
c) Üstüne ilave çarkıfelek meyvesi posası ve granola ekleyin.
d) Derhal servis yapın.

18.Piña Colada Kahvaltı Parfesi

İÇİNDEKİLER:
- 1/2 bardak Yunan yoğurdu
- 1/2 bardak doğranmış ananas
- 1/4 bardak kıyılmış hindistan cevizi
- 2 yemek kaşığı bal
- 2 yemek kaşığı ananas suyu
- Üzeri için granola

TALİMATLAR:

a) Bir kasede Yunan yoğurdu, doğranmış ananas, rendelenmiş hindistan cevizi, bal ve ananas suyunu karıştırın.

b) Karışımı, granola katmanlarıyla dönüşümlü olarak servis bardağına dökün.

c) Üstüne ilave doğranmış ananas ve rendelenmiş hindistan cevizi ekleyin.

19.Kara Orman Huş Ağacı

İÇİNDEKİLER:

- 2 küçük armut, rendelenmiş
- 10 yemek kaşığı (60g) yulaf ezmesi
- 1 yemek kaşığı kakao tozu veya kakao tozu
- 200 gr Yunan yoğurdu artı 4 yemek kaşığı
- 5 yemek kaşığı süt
- 1 yemek kaşığı akçaağaç şurubu veya bal, ayrıca servis için ekstra (isteğe bağlı)
- 200 gr kiraz, ikiye bölünmüş ve çekirdekleri çıkarılmış
- 2 kare bitter çikolata

TALİMATLAR:

a) Armut, yulaf, kakao, yoğurt, süt ve akçaağaç şurubunu bir kasede birleştirin. Dört kaseye (veya işe götürüyorsanız kaplara) bölün.

b) İsterseniz her porsiyonun üzerine biraz kiraz, 1 yemek kaşığı yoğurt ve biraz fazladan akçaağaç şurubu ekleyin. Çikolatayı Bircher'ın üzerine ince bir şekilde rendeleyin ve her porsiyona hafif bir toz serpin.

c) Hemen yiyin veya buzdolabında 2 güne kadar soğutun.

20.Izgara Şeftali ve Yoğurt Parfe

İÇİNDEKİLER:
- 4 şeftali, ikiye bölünmüş ve çekirdeği çıkarılmış
- 2 bardak Yunan yoğurdu
- ¼ bardak bal
- ½ bardak granola
- Süslemek için taze nane yaprakları

TALİMATLAR:

a) Izgarayı orta ateşte önceden ısıtın.

b) Şeftali yarımlarını yumuşayana ve ızgara izleri görünene kadar her iki tarafta 2-3 dakika ızgara yapın.

c) Küçük bir kapta Yunan yoğurtunu ve balı birlikte çırpın.

d) Parfeyi hazırlamak için bir bardağa bir kat yoğurt, ardından bir kat granola ve ızgara şeftali yarısını koyun.

e) Bardak dolana kadar katmanlamayı tekrarlayın.

f) Üzerine bir parça yoğurt, granola ve taze nane yapraklarını ekleyin.

21. Pavlova Parfe

İÇİNDEKİLER:
- 1 bardak Yunan yoğurdu
- ½ bardak karışık meyveler
- ¼ bardak granola
- 1 mini Pavlova kabuğu, ufalanmış

TALİMATLAR:

a) Bir parfe bardağına veya kaseye Yunan yoğurtunu, karışık meyveleri ve granolayı katlayın.
b) Ufalanmış mini Pavlova kabuğunu parfenin üzerine serpin.
c) Bardak veya kase üste kadar dolana kadar katmanları tekrarlayın.
d) Derhal servis yapın.

22.PB&J Yoğurt Parfe

İÇİNDEKİLER:
- 1 bardak sade Yunan yoğurdu
- 2 yemek kaşığı fıstık ezmesi
- 2 yemek kaşığı jöle veya reçel
- ½ bardak granola
- Üst Malzemeler: taze meyveler, serpmeler, dilimlenmiş muzlar vb.

TALİMATLAR:
a) Yoğurt, fıstık ezmesi ve jöle veya reçeli iyice birleşene kadar karıştırın.
b) Yoğurt karışımını ve granolayı servis bardağına veya kavanoza katlayın.
c) Üzerine istediğiniz malzemeleri ekleyin.
d) Servis yapın ve tadını çıkarın!

23.Armut Fıstıklı Parfe Kavanozları

İÇİNDEKİLER:
ARMUTLU CHIA PUDING:
- ¼ bardak armut püresi
- ⅓ fincan şekersiz vanilya veya sade badem sütü
- 3 yemek kaşığı chia tohumu
- Armut Avokado Pudingi:
- 1 olgun avokado
- Tercih edilen tatlılığa bağlı olarak 1-2 çay kaşığı bal veya hindistan cevizi nektarı
- 2 yemek kaşığı armut püresi

KALAN KATMANLAR VE GARNİŞLER:
- ½ bardak en sevdiğiniz granola
- ½ bardak vanilyalı Yunan yoğurdu
- ¼ bardak doğranmış taze armut
- 2 yemek kaşığı kıyılmış fıstık
- 2 çay kaşığı bal veya hindistan cevizi nektarı

TALİMATLAR:
a) Armut Chia Pudingi hazırlamaya tüm malzemeleri bir kaseye ekleyerek başlayın, iyice birleşene kadar karıştırın, ardından koyulaşması için 15-20 dakika buzdolabında bekletin.

b) Daha sonra, tüm malzemeleri küçük bir mutfak robotuna veya bebek mermisine ekleyerek Avokado Armut Pudingini hazırlayın ve karışım pürüzsüz hale gelinceye kadar çalıştırın. Tadını test edin ve avokado pudinginin daha tatlı olmasını tercih ederseniz daha fazla bal/hindistancevizi nektarı ekleyin.

c) Chia pudingi koyulaştığında, tekrar karıştırın ve tüm malzemeleri katmanlamaya hazırsınız.

d) İki adet 8 onsluk kavanoz kullanarak granola, yoğurt, chia pudingi ve avokado pudingini bölün ve bunları iki kavanoz arasında tercih ettiğiniz herhangi bir düzenlemeyle katlayın.

e) Her kavanozun üstüne 2 yemek kaşığı doğranmış taze armut ve 1 yemek kaşığı kıyılmış antep fıstığı ekleyerek bitirin, ardından her kavanoza 1 çay kaşığı bal veya hindistan cevizi nektarı gezdirin.

24.Kelebek Bezelye ve Chia Tohumlu Parfe

İÇİNDEKİLER:
- 2 yemek kaşığı Kelebek Bezelye Çiçeği
- 1-1/2 bardak badem sütü, 200°F'de
- 1 yemek kaşığı bal veya agav
- 4 yemek kaşığı chia tohumu

HİZMET ETMEK:
- 1 bardak Yunan yoğurdu
- Bir avuç çilek

TALİMATLAR:
a) Sıcak badem sütünü Kelebek Bezelye Çiçeklerine ekleyin ve 3-5 dakika demleyin, ardından Kelebek Bezelye Çiçeklerini süzün.
b) Kapaklı bir kap içerisine tatlandırıcıyı ve chia tohumlarını ekleyin.
c) Birleştirmek ve gece boyunca soğutmak için karıştırın.

HİZMET ETMEK:
d) Parfe katmanları oluşturmak için bir fincan veya küçük kaseye Yunan yoğurtunu ve iki farklı chia pudingini katlayın.
e) İsteğe göre çilek ve daha fazla bal ile süsleyin. Soğuk servis yapın.

KREP

25.Doğum günü sürprizi pankek

İÇİNDEKİLER:

- 1 su bardağı kepekli un
- 2 yemek kaşığı şekersiz vanilyalı puding karışımı
- ½ çay kaşığı kabartma tozu
- ½ çay kaşığı karbonat
- ¾ fincan sade Yunan yoğurdu
- ½ bardak + 2 yemek kaşığı %2 az yağlı süt
- 1 büyük yumurta
- 2 yemek kaşığı akçaağaç şurubu
- ¼ fincan gökkuşağı serpintileri, ayrıca üzeri için daha fazlası (isteğe bağlı)

TALİMATLAR:

a) Unu, pudingi, kabartma tozunu ve kabartma tozunu bir kaseye ekleyin ve birleştirmek için çırpın.
b) Başka bir kapta yoğurt, süt, yumurta ve akçaağaç şurubunu iyice birleşene kadar çırpın.
c) Islak malzemeleri kuru malzemelere ekleyin ve iyice birleşene kadar çırpın.
d) Hamuru 2 ila 3 dakika dinlendirin. Bu, tüm bileşenlerin bir araya gelmesini sağlar ve hamurun daha iyi bir kıvama sahip olmasını sağlar.
e) Hamur dinlendikten sonra serpintileri karıştırın.
f) Yapışmaz bir tavaya veya ızgaraya bolca bitkisel yağ püskürtün ve orta ateşte ısıtın.
g) Tava ısındığında, ¼ fincanlık ölçüm kabı kullanarak hamuru ekleyin ve krep yapmak için hamuru tavaya dökün. Gözlemeyi şekillendirmeye yardımcı olması için ölçüm kabını kullanın.
h) Kenarlar sabit görünene ve ortada kabarcıklar oluşana kadar pişirin (yaklaşık 2 ila 3 dakika), ardından krepi çevirin.
i) Krepin o tarafı da piştikten sonra pancake'i ocaktan alıp bir tabağa koyun.
j) Bu adımlara hamurun geri kalanıyla devam edin.

26.Yunan yoğurtKinoalı krep

İÇİNDEKİLER:
- 1 su bardağı (herhangi bir renk) pişmiş kinoa
- ¾ su bardağı kinoa unu
- 2 çay kaşığı kabartma tozu
- ½ çay kaşığı tuz
- 1 yemek kaşığı eritilmiş tereyağı
- ¼ bardak Yunan yoğurdu
- 2 yemek kaşığı %2 az yağlı süt
- 2 büyük yumurta, dövülmüş
- 2 yemek kaşığı akçaağaç şurubu
- 1 çay kaşığı vanilya özü
- Servis için meyve konserveleri (isteğe bağlı)

TALİMATLAR:
a) Büyük bir kapta kinoayı, unu, kabartma tozunu ve tuzu ekleyin ve iyice birleştirmek için çırpın.

b) Başka bir kapta tereyağı, yoğurt, süt, yumurta, akçaağaç şurubu ve vanilyayı çırpın. İyi bir şekilde birleşmesi için her şeyi birlikte çırpın.

c) Islak malzemeleri kuru malzemelere ekleyin ve iyice birleşene kadar çırpın.

d) Hamuru 2 ila 3 dakika dinlendirin. Bu, tüm bileşenlerin bir araya gelmesini sağlar ve hamurun daha iyi bir kıvama sahip olmasını sağlar.

e) Yapışmaz bir tavaya veya ızgaraya bolca bitkisel yağ püskürtün ve orta ateşte ısıtın.

f) Tava ısındığında, ¼ fincanlık ölçüm kabı kullanarak hamuru ekleyin ve krep yapmak için hamuru tavaya dökün. Gözlemeyi şekillendirmeye yardımcı olması için ölçüm kabını kullanın.

g) Kenarlar sabit görünene ve ortada kabarcıklar oluşana kadar pişirin (yaklaşık 2 ila 3 dakika), ardından krepi çevirin.

h) Krepin o tarafı da piştikten sonra pancake'i ocaktan alıp bir tabağa koyun.

i) Bu adımlara hamurun geri kalanıyla devam edin. İstenirse meyve konserveleri ile servis yapın.

27.Yunan yoğurtlu yulaf ezmeli krep

İÇİNDEKİLER:

- 1¾ su bardağı eski moda yulaf ezmesi
- 1½ çay kaşığı kabartma tozu
- 1 çay kaşığı karbonat
- ½ çay kaşığı tarçın
- ¼ çay kaşığı tuz
- 1 büyük yumurta
- 2 yemek kaşığı hindistancevizi yağı, eritilmiş
- 1 yemek kaşığı akçaağaç şurubu ve servis için daha fazlası
- 1 çay kaşığı vanilya özü
- 1 bardak sade Yunan yoğurdu
- ¼ bardak %2 az yağlı süt

TALİMATLAR:

a) Tüm malzemeleri bir karıştırıcıya ekleyin. Eritilmiş hindistancevizi yağı, daha soğuk malzemelerle birleştirildiğinde sertleşebilir, bu nedenle isterseniz bunun olmasını önlemek için sütü hafifçe ısıtabilirsiniz.

b) Pürüzsüz bir sıvı elde edene kadar her şeyi blenderda çırpın.

c) Krep karışımını geniş bir kaseye dökün.

d) Hamuru 5 ila 10 dakika dinlendirin. Bu, tüm bileşenlerin bir araya gelmesini sağlar ve hamurun daha iyi bir kıvama sahip olmasını sağlar.

e) Yapışmaz bir tavaya veya ızgaraya bolca bitkisel yağ püskürtün ve orta ateşte ısıtın.

f) Tava ısındığında, ¼ fincanlık ölçüm kabı kullanarak hamuru ekleyin ve krep yapmak için hamuru tavaya dökün. Gözlemeyi şekillendirmeye yardımcı olması için ölçüm kabını kullanın.

g) Kenarlar sabit görünene ve ortada kabarcıklar oluşana kadar pişirin (yaklaşık 2 dakika), ardından krepi çevirin.

h) Krepin o tarafı da piştikten sonra pancake'i ocaktan alıp bir tabağa koyun.

i) Bu adımlara hamurun geri kalanıyla devam edin. Akçaağaç şurubu ile servis yapın.

28.Vanilyalı bademli krep

İÇİNDEKİLER:

- 1 su bardağı kepekli un
- 2 yemek kaşığı şekersiz vanilyalı puding karışımı
- ½ çay kaşığı kabartma tozu
- ½ çay kaşığı karbonat
- ¾ fincan sade Yunan yoğurdu
- ½ bardak + 2 yemek kaşığı %2 az yağlı süt
- 1 büyük yumurta
- 2 yemek kaşığı akçaağaç şurubu
- ¼ bardak dilimlenmiş badem

TALİMATLAR:

a) Unu, puding karışımını, kabartma tozunu ve kabartma tozunu bir kaseye ekleyin ve birleştirmek için çırpın.

b) Başka bir kapta yoğurt, süt, yumurta ve akçaağaç şurubunu iyice birleşene kadar çırpın.

c) Islak malzemeleri kuru malzemelere ekleyin ve iyice birleşene kadar çırpın.

d) En son bademleri karıştırın.

e) Hamuru 2 ila 3 dakika dinlendirin. Bu, tüm bileşenlerin bir araya gelmesini sağlar ve hamurun daha iyi bir kıvama sahip olmasını sağlar.

f) Yapışmaz bir tavaya veya ızgaraya bolca bitkisel yağ püskürtün ve orta ateşte ısıtın.

g) Tava ısındığında, ¼ fincanlık ölçüm kabı kullanarak hamuru ekleyin ve krep yapmak için hamuru tavaya dökün. Gözlemeyi şekillendirmeye yardımcı olması için ölçüm kabını kullanın.

h) Kenarlar sabit görünene ve ortada kabarcıklar oluşana kadar pişirin (yaklaşık 2 ila 3 dakika), ardından krepi çevirin.

i) Krepin o tarafı da piştikten sonra pancake'i ocaktan alıp bir tabağa koyun.

j) Bu adımlara hamurun geri kalanıyla devam edin.

29.Fıstıklı, muzlu ve çikolatalı krep

İÇİNDEKİLER:
- 1 su bardağı kepekli un
- ¼ bardak toz fıstık ezmesi
- ½ çay kaşığı kabartma tozu
- ½ çay kaşığı karbonat
- ¾ fincan sade Yunan yoğurdu
- 1 adet olgun orta boy muz (püre haline getirilmiş) ve servis için daha fazlası (isteğe bağlı)
- ¼ bardak + 2 yemek kaşığı %2 az yağlı süt
- 1 büyük yumurta
- 2 yemek kaşığı akçaağaç şurubu
- ½ bardak çikolata parçaları ve servis için daha fazlası (isteğe bağlı)
- Servis için fıstık ezmesi (isteğe bağlı)

TALİMATLAR:

a) Unu, toz fıstık ezmesini, kabartma tozunu ve kabartma tozunu bir kaseye ekleyin ve birleştirmek için çırpın.

b) Başka bir kapta yoğurt, muz püresi, süt, yumurta ve akçaağaç şurubunu birleşene kadar çırpın.

c) Islak malzemeleri kuru malzemelere ekleyin ve iyice birleşene kadar çırpın.

d) Çikolata parçacıklarını karıştırın.

e) Hamuru 2 ila 3 dakika dinlendirin. Bu, tüm bileşenlerin bir araya gelmesini sağlar ve hamurun daha iyi bir kıvama sahip olmasını sağlar.

f) Yapışmaz bir tavaya veya ızgaraya bolca bitkisel yağ püskürtün ve orta ateşte ısıtın.

g) Tava ısındığında, ¼ fincanlık ölçüm kabı kullanarak hamuru ekleyin ve krep yapmak için hamuru tavaya dökün. Gözlemeyi şekillendirmeye yardımcı olması için ölçüm kabını kullanın.

h) Kenarlar sabit görünene ve ortada kabarcıklar oluşana kadar pişirin (yaklaşık 2 ila 3 dakika), ardından krepi çevirin.

i) Krepin o tarafı da piştikten sonra pancake'i ocaktan alıp bir tabağa koyun.

j) Bu adımlara hamurun geri kalanıyla devam edin.

30.Muzlu ekmek krep

İÇİNDEKİLER:
- 1 su bardağı kepekli un
- ½ çay kaşığı kabartma tozu
- ½ çay kaşığı karbonat
- ¾ fincan sade Yunan yoğurdu
- 1 olgun orta boy muz, püresi
- ½ bardak + 2 yemek kaşığı %2 az yağlı süt
- 1 büyük yumurta
- 2 yemek kaşığı akçaağaç şurubu

TALİMATLAR:
a) Unu, kabartma tozunu ve kabartma tozunu bir kaseye ekleyin ve birleştirmek için çırpın.
b) Başka bir kapta yoğurt, muz püresi, süt, yumurta ve akçaağaç şurubunu birleşene kadar çırpın.
c) Islak malzemeleri kuru malzemelere ekleyin ve birleşene kadar çırpın.
d) Hamuru 2 ila 3 dakika dinlendirin. Bu, tüm bileşenlerin bir araya gelmesini sağlar ve hamurun daha iyi bir kıvama sahip olmasını sağlar.
e) Yapışmaz bir tavaya veya ızgaraya bolca bitkisel yağ püskürtün ve orta ateşte ısıtın.
f) Tava ısındığında, ¼ fincanlık ölçüm kabı kullanarak hamuru ekleyin ve krep yapmak için hamuru tavaya dökün. Gözlemeyi şekillendirmeye yardımcı olması için ölçüm kabını kullanın.
g) Kenarlar sabit görünene ve ortada kabarcıklar oluşana kadar pişirin (yaklaşık 2 ila 3 dakika), ardından krepi çevirin.
h) Krepin o tarafı da piştikten sonra pancake'i ocaktan alıp bir tabağa koyun.
i) Bu adımlara hamurun geri kalanıyla devam edin.

31.Çilekli cheesecake krep

İÇİNDEKİLER:

- 1 su bardağı kepekli un
- 2 yemek kaşığı şekersiz vanilyalı puding karışımı
- ½ çay kaşığı kabartma tozu
- ½ çay kaşığı karbonat
- ¾ fincan sade Yunan yoğurdu
- ½ bardak + 2 yemek kaşığı %2 az yağlı süt
- 1 büyük yumurta
- 2 yemek kaşığı akçaağaç şurubu
- 1 su bardağı ince dilimlenmiş çilek

TALİMATLAR:

a) Unu, puding karışımını, kabartma tozunu ve kabartma tozunu bir kaseye ekleyin ve birleştirmek için çırpın.
b) Başka bir kapta yoğurt, süt, yumurta ve akçaağaç şurubunu birleşene kadar çırpın.
c) Islak malzemeleri kuru malzemelere ekleyin ve iyice birleşene kadar çırpın.
d) Çilekleri dikkatlice karıştırın.
e) Hamuru 2 ila 3 dakika dinlendirin. Bu, tüm bileşenlerin bir araya gelmesini sağlar ve hamurun daha iyi bir kıvama sahip olmasını sağlar.
f) Yapışmaz bir tavaya veya ızgaraya bolca bitkisel yağ püskürtün ve orta ateşte ısıtın.
g) Tava ısındığında, ¼ fincanlık ölçüm kabı kullanarak hamuru ekleyin ve krep yapmak için hamuru tavaya dökün. Gözlemeyi şekillendirmeye yardımcı olması için ölçüm kabını kullanın.
h) Kenarlar sabit görünene ve ortada kabarcıklar oluşana kadar pişirin (yaklaşık 2 ila 3 dakika), ardından krepi çevirin.
i) Krepin o tarafı da piştikten sonra pancake'i ocaktan alıp bir tabağa koyun.
j) Bu adımlara hamurun geri kalanıyla devam edin.

32.Meksika çikolatalı krep

İÇİNDEKİLER:

- 1 su bardağı kepekli un
- ¼ fincan şekersiz kakao
- 1 çay kaşığı tarçın
- ½ çay kaşığı kabartma tozu
- ½ çay kaşığı karbonat
- ¾ fincan sade Yunan yoğurdu
- ¼ bardak + 2 yemek kaşığı %2 az yağlı süt
- 1 büyük yumurta
- 2 yemek kaşığı akçaağaç şurubu

TALİMATLAR:

a) Unu, kakaoyu, tarçını, kabartma tozunu ve kabartma tozunu bir kaseye ekleyin ve birleştirmek için çırpın.

b) Başka bir kapta yoğurt, süt, yumurta ve akçaağaç şurubunu iyice birleşene kadar çırpın.

c) Islak malzemeleri kuru malzemelere ekleyin ve iyice birleşene kadar çırpın.

d) Hamuru 2 ila 3 dakika dinlendirin. Bu, tüm bileşenlerin bir araya gelmesini sağlar ve hamurun daha iyi bir kıvama sahip olmasını sağlar.

e) Yapışmaz bir tavaya veya ızgaraya bolca bitkisel yağ püskürtün ve orta ateşte ısıtın.

f) Tava ısındığında, ¼ fincanlık ölçüm kabı kullanarak hamuru ekleyin ve krep yapmak için hamuru tavaya dökün. Gözlemeyi şekillendirmeye yardımcı olması için ölçüm kabını kullanın.

g) Kenarlar sabit görünene ve ortada kabarcıklar oluşana kadar pişirin (yaklaşık 2 ila 3 dakika), ardından krepi çevirin.

h) Krepin o tarafı da piştikten sonra pancake'i ocaktan alıp bir tabağa koyun.

i) Bu adımlara hamurun geri kalanıyla devam edin.

33.Yaban mersinli mangolu krep

İÇİNDEKİLER:
- 1 su bardağı kepekli un
- ½ çay kaşığı kabartma tozu
- ½ çay kaşığı karbonat
- ¾ fincan sade Yunan yoğurdu
- ¼ bardak + 2 yemek kaşığı %2 az yağlı süt
- 1 büyük yumurta
- 2 yemek kaşığı akçaağaç şurubu
- ½ bardak püresi mango
- ½ bardak yaban mersini

TALİMATLAR:
a) Unu, kabartma tozunu ve kabartma tozunu bir kaseye ekleyin ve birleştirmek için çırpın.
b) Başka bir kapta yoğurt, süt, yumurta, akçaağaç şurubu ve mango püresini birleşene kadar çırpın.
c) Islak malzemeleri kuru malzemelere ekleyin ve iyice birleşene kadar çırpın.
d) Yaban mersinlerini dikkatlice karıştırın.
e) Hamuru 2 ila 3 dakika dinlendirin. Bu, tüm bileşenlerin bir araya gelmesini sağlar ve hamurun daha iyi bir kıvama sahip olmasını sağlar.
f) Yapışmaz bir tavaya veya ızgaraya bolca bitkisel yağ püskürtün ve orta ateşte ısıtın.
g) Tava ısındığında, ¼ fincanlık ölçüm kabı kullanarak hamuru ekleyin ve krep yapmak için hamuru tavaya dökün. Gözlemeyi şekillendirmeye yardımcı olması için ölçüm kabını kullanın.
h) Kenarlar sabit görünene ve ortada kabarcıklar oluşana kadar pişirin (yaklaşık 2 ila 3 dakika), ardından krepi çevirin.
i) Krepin o tarafı da piştikten sonra pancake'i ocaktan alıp bir tabağa koyun.
j) Bu adımlara hamurun geri kalanıyla devam edin.

34.Piña colada krepleri

İÇİNDEKİLER:

- 1 su bardağı kepekli un
- ½ çay kaşığı kabartma tozu
- ½ çay kaşığı karbonat
- ¾ fincan sade Yunan yoğurdu
- ½ bardak + 2 yemek kaşığı konserve tam yağlı hindistan cevizi sütü
- 1 büyük yumurta
- 2 yemek kaşığı akçaağaç şurubu
- 1 çay kaşığı vanilya özü
- ½ su bardağı ince doğranmış ananas

TALİMATLAR:

a) Unu, kabartma tozunu ve kabartma tozunu bir kaseye ekleyin ve birleştirmek için çırpın.

b) Başka bir kapta yoğurt, hindistan cevizi sütü, yumurta, akçaağaç şurubu ve vanilyayı iyice birleşene kadar çırpın.

c) Islak malzemeleri kuru malzemelere ekleyin ve iyice birleşene kadar birlikte çırpın.

d) Her şey karıştıktan sonra ananası da ekleyip karıştırın.

e) Hamuru 2 ila 3 dakika dinlendirin. Bu, tüm bileşenlerin bir araya gelmesini sağlar ve hamurun daha iyi bir kıvama sahip olmasını sağlar.

f) Yapışmaz bir tavaya veya ızgaraya bolca bitkisel yağ püskürtün ve orta ateşte ısıtın.

g) Tava ısındığında, ¼ fincanlık ölçüm kabı kullanarak hamuru ekleyin ve krep yapmak için hamuru tavaya dökün. Gözlemeyi şekillendirmeye yardımcı olması için ölçüm kabını kullanın.

h) Kenarlar sabit görünene ve ortada kabarcıklar oluşana kadar pişirin (yaklaşık 2 ila 3 dakika), ardından krepi çevirin.

i) Krepin o tarafı da piştikten sonra pancake'i ocaktan alıp bir tabağa koyun.

j) Bu adımlara hamurun geri kalanıyla devam edin.

35.Muzlu yaban mersinli krep

İÇİNDEKİLER:

- 1 su bardağı kepekli un
- ½ çay kaşığı kabartma tozu
- ½ çay kaşığı karbonat
- 1 olgun orta boy muz, püresi
- ¾ fincan sade Yunan yoğurdu
- ¼ bardak + 2 yemek kaşığı %2 az yağlı süt
- 1 büyük yumurta
- 2 yemek kaşığı akçaağaç şurubu
- ½ bardak yaban mersini

TALİMATLAR:

a) Unu, kabartma tozunu ve kabartma tozunu bir kaseye ekleyin ve birleştirmek için çırpın.

b) Başka bir kapta muz püresini, yoğurdu, sütü, yumurtayı ve akçaağaç şurubunu birleşene kadar çırpın.

c) Islak malzemeleri kuru malzemelere ekleyin ve iyice birleşene kadar çırpın.

d) Yaban mersinlerini dikkatlice karıştırın.

e) Hamuru 2 ila 3 dakika dinlendirin. Bu, tüm bileşenlerin bir araya gelmesini sağlar ve hamurun daha iyi bir kıvama sahip olmasını sağlar.

f) Yapışmaz bir tavaya veya ızgaraya bolca bitkisel yağ püskürtün ve orta ateşte ısıtın.

g) Tava ısındığında, ¼ fincanlık ölçüm kabı kullanarak hamuru ekleyin ve krep yapmak için hamuru tavaya dökün. Gözlemeyi şekillendirmeye yardımcı olması için ölçüm kabını kullanın.

h) Kenarlar sabit görünene ve ortada kabarcıklar oluşana kadar pişirin (yaklaşık 2 ila 3 dakika), ardından krepi çevirin.

i) Krepin o tarafı da piştikten sonra pancake'i ocaktan alıp bir tabağa koyun.

j) Bu adımlara hamurun geri kalanıyla devam edin.

36.Çilekli muzlu krep

İÇİNDEKİLER:

- 1 su bardağı kepekli un
- ½ çay kaşığı kabartma tozu
- ½ çay kaşığı karbonat
- ¾ fincan sade Yunan yoğurdu
- 1 olgun orta boy muz, püresi
- ½ bardak + 2 yemek kaşığı %2 az yağlı süt
- 1 büyük yumurta
- 2 yemek kaşığı akçaağaç şurubu
- ¾ bardak dilimlenmiş çilek

TALİMATLAR:

a) Unu, kabartma tozunu ve kabartma tozunu bir kaseye ekleyin ve birleştirmek için çırpın.

b) Başka bir kapta yoğurt, muz püresi, süt, yumurta ve akçaağaç şurubunu birleşene kadar çırpın.

c) Islak malzemeleri kuru malzemelere ekleyin ve iyice birleşene kadar çırpın.

d) Çilekleri dikkatlice karıştırın.

e) Hamuru 2 ila 3 dakika dinlendirin. Bu, tüm bileşenlerin bir araya gelmesini sağlar ve hamurun daha iyi bir kıvama sahip olmasını sağlar.

f) Yapışmaz bir tavaya veya ızgaraya bolca bitkisel yağ püskürtün ve orta ateşte ısıtın.

g) Tava ısındığında, ¼ fincanlık ölçüm kabı kullanarak hamuru ekleyin ve krep yapmak için hamuru tavaya dökün. Gözlemeyi şekillendirmeye yardımcı olması için ölçüm kabını kullanın.

h) Kenarlar sabit görünene ve ortada kabarcıklar oluşana kadar pişirin (yaklaşık 2 ila 3 dakika), ardından krepi çevirin.

i) Krepin o tarafı da piştikten sonra pancake'i ocaktan alıp bir tabağa koyun.

j) Bu adımlara hamurun geri kalanıyla devam edin.

37.Zencefilli Krep

İÇİNDEKİLER:

TOPLAMALAR:
- ¼ bardak sade Yunan yoğurdu
- 1 yemek kaşığı akçaağaç şurubu

KREP
- 1 su bardağı kepekli un
- 1 çay kaşığı karbonat
- 1 çay kaşığı öğütülmüş zencefil
- 1 çay kaşığı öğütülmüş yenibahar
- 1 çay kaşığı tarçın
- ¼ çay kaşığı öğütülmüş karanfil
- ¼ çay kaşığı tuz
- 1 büyük yumurta
- ½ bardak %2 az yağlı süt
- 3 yemek kaşığı akçaağaç şurubu
- 1 çay kaşığı vanilya özü

TALİMATLAR:

a) Yunan yoğurtunu ve akçaağaç şurubunu iyice birleşene kadar karıştırın ve bir kenara koyun.

b) Büyük bir kapta, kavuzlu unu, kabartma tozunu, zencefili, yenibaharı, tarçını, karanfilleri ve tuzu birlikte ekleyin ve iyice birleştirmek için çırpın.

c) Başka bir kapta yumurtayı, sütü, akçaağaç şurubunu ve vanilyayı iyice birleşene kadar çırpın.

d) Islak malzemeleri kuru malzemelere ekleyin ve iyice birleşene kadar çırpın.

e) Hamuru 2 ila 3 dakika dinlendirin. Bu, tüm bileşenlerin bir araya gelmesini sağlar ve hamurun daha iyi bir kıvama sahip olmasını sağlar.

f) Yapışmaz bir tavaya veya ızgaraya bolca bitkisel yağ püskürtün ve orta ateşte ısıtın.

g) Tava ısındığında, ¼ fincanlık ölçüm kabı kullanarak hamuru ekleyin ve krep yapmak için hamuru tavaya dökün.

h) Kenarlar sabitlenene ve ortada kabarcıklar oluşana kadar pişirin.

i) Krepin o tarafı da piştikten sonra pancake'i ocaktan alıp bir tabağa koyun.

j) Bu adımlara hamurun geri kalanıyla devam edin. Yoğurtla servis yapın.

SMOOTHIE VE SMOOTHIE KASELERİ

38. Yunan Yoğurtlu Biscoff Smoothie Bowl

İÇİNDEKİLER:

- 2 olgun muz, dondurulmuş
- ¼ bardak Yunan yoğurdu
- 2 yemek kaşığı Biscoff kreması
- ½ bardak süt (süt veya bitki bazlı)
- Üst Malzemeler: Biscoff kurabiye kırıntıları, dilimlenmiş muz, granola, kıyılmış hindistan cevizi, meyveler vb.

TALİMATLAR:

a) Dondurulmuş muzları, Yunan yoğurtunu, Biscoff kremasını ve sütü bir karıştırıcıda birleştirin.

b) Pürüzsüz ve kremsi olana kadar karıştırın. İstenilen kıvamı elde etmek için gerekirse daha fazla süt ekleyin.

c) Smoothie'yi bir kaseye dökün ve üzerine Biscoff kurabiye kırıntıları, dilimlenmiş muz, granola, kıyılmış hindistan cevizi, çilek veya istediğiniz diğer sosları ekleyin.

d) Biscoff smoothie kasesinin tadını bir kaşıkla çıkarın ve tatların ve dokuların leziz kombinasyonunun tadını çıkarın.

39.Jack Daniel'ın Yaban Mersinli Smoothie'si

İÇİNDEKİLER:
- 1 su bardağı dondurulmuş yaban mersini
- ½ bardak vanilyalı Yunan yoğurdu
- ½ su bardağı badem sütü
- 2 yemek kaşığı bal
- 1 yemek kaşığı Jack Daniel's viski
- Buz küpleri

TALİMATLAR:

a) Dondurulmuş yaban mersini, Yunan yoğurtunu, badem sütünü, balı ve Jack Daniel's viskisini bir karıştırıcıya ekleyin.

b) Pürüzsüz olana kadar karıştır.

c) Buz küplerini ekleyin ve istenilen kıvama gelinceye kadar tekrar karıştırın.

d) Bir bardağa dökün ve hemen servis yapın.

40.Jack Daniel'ın Çikolatalı Smoothie'si

İÇİNDEKİLER:
- 1 dondurulmuş muz
- ½ bardak sade Yunan yoğurdu
- ½ su bardağı badem sütü
- 2 yemek kaşığı bal
- 1 yemek kaşığı Jack Daniel's viski
- 1 yemek kaşığı kakao tozu
- Buz küpleri

TALİMATLAR:

a) Dondurulmuş muzu, Yunan yoğurtunu, badem sütünü, balı, Jack Daniel's viskisini ve kakao tozunu bir karıştırıcıya ekleyin.
b) Pürüzsüz olana kadar karıştır.
c) Buz küplerini ekleyin ve istenilen kıvama gelinceye kadar tekrar karıştırın.
d) Bir bardağa dökün ve hemen servis yapın.

41.Petek Şekerli Yoğurt Kasesi

İÇİNDEKİLER:
- 1 bardak Yunan yoğurdu
- 2 yemek kaşığı bal
- ¼ fincan bal peteği şekeri, ezilmiş
- Üzeri için taze meyve

TALİMATLAR:
a) Bir kapta Yunan yoğurdu ve balı karıştırın.
b) Yoğurdun üzerine ezilmiş petek şekerini serpin.
c) Üzerine taze meyve ekleyin.
d) İyice karıştırın ve bu enfes ballı yoğurt kasesinin tadını çıkarın.

42. Mısır Gevreği-Berry Smoothie Kasesi

İÇİNDEKİLER:
- 1 olgun muz, dondurulmuş
- 1 su bardağı karışık meyveler (çilek, yaban mersini veya ahududu gibi)
- ½ bardak Yunan yoğurdu
- ¼ bardak süt
- ¼ bardak ezilmiş mısır gevreği
- Taze meyveler, dilimlenmiş muz ve diğer arzu edilen malzemeler

TALİMATLAR:

a) Dondurulmuş muzu, karışık meyveleri, Yunan yoğurtunu ve sütü bir karıştırıcıda birleştirin.
b) Pürüzsüz ve kremsi olana kadar karıştırın.
c) Smoothie'yi bir kaseye dökün.
d) Üzerine ezilmiş mısır gevreğini serpin.
e) Taze meyveler, dilimlenmiş muzlar ve granola veya fındık gibi istediğiniz diğer malzemeleri ekleyin.
f) Bir kaşıkla hemen tadını çıkarın.

43. Hibiscus Smoothie Kasesi

İÇİNDEKİLER:

- 1 dondurulmuş muz
- ½ bir fincan dondurulmuş meyveler (çilek, ahududu veya yaban mersini gibi)
- ¼ fincan ebegümeci çayı (kuvvetle demlenip soğutulmuş)
- ¼ fincan Yunan yoğurdu veya bitki bazlı yoğurt
- 1 yemek kaşığı chia tohumu
- Üst Malzemeler: dilimlenmiş meyveler, granola, hindistan cevizi gevreği, fındık vb.

TALİMATLAR:

a) Dondurulmuş muzu, dondurulmuş meyveleri, ebegümeci çayını, Yunan yoğurtunu ve chia tohumlarını bir karıştırıcıda birleştirin.

b) Pürüzsüz ve kremsi olana kadar karıştırın. Gerekirse, istenilen kıvama ulaşmak için bir miktar daha ebegümeci çayı veya su ekleyin.

c) Smoothie'yi bir kaseye dökün.

d) Üzerine dilimlenmiş meyveler, granola, hindistan cevizi gevreği, fındık veya tercih ettiğiniz diğer malzemeleri ekleyin.

e) Besleyici bir kahvaltı olarak canlandırıcı ve canlı hibiscus smoothie kasesinin keyfini çıkarın.

44.Jack Daniel'ın Şeftali Smoothie'si

İÇİNDEKİLER:
- 1 su bardağı dondurulmuş şeftali
- ½ bardak sade Yunan yoğurdu
- ½ su bardağı badem sütü
- 2 yemek kaşığı bal
- 1 yemek kaşığı Jack Daniel's viski
- Buz küpleri

TALİMATLAR:
a) Dondurulmuş şeftalileri, Yunan yoğurtunu, badem sütünü, balı ve Jack Daniel's viskisini bir karıştırıcıya ekleyin.
b) Pürüzsüz olana kadar karıştır.
c) Buz küplerini ekleyin ve istenilen kıvama gelinceye kadar tekrar karıştırın.
d) Bir bardağa dökün ve hemen servis yapın.

45. Çilekli smoothie

İÇİNDEKİLER:
- 1 su bardağı dondurulmuş çilek
- ½ bardak vanilyalı Yunan yoğurdu
- ½ su bardağı badem sütü
- 2 yemek kaşığı bal
- 1 yemek kaşığı Jack Daniel's viski
- Buz küpleri

TALİMATLAR:

a) Dondurulmuş çilekleri, Yunan yoğurtunu, badem sütünü, balı ve Jack Daniel's viskisini bir karıştırıcıya ekleyin.

b) Pürüzsüz olana kadar karıştır.

c) Buz küplerini ekleyin ve istenilen kıvama gelinceye kadar tekrar karıştırın.

d) Bir bardağa dökün ve hemen servis yapın.

46.Kahlua Smoothie

İÇİNDEKİLER:
- 1 olgun muz
- ½ bardak Yunan yoğurdu
- ¼ bardak Kahlua
- ¼ bardak süt (veya süt ürünü olmayan alternatif)
- 1 yemek kaşığı bal
- 1 bardak buz küpleri

TALİMATLAR:

a) Bir karıştırıcıda muz, Yunan yoğurdu, Kahlua, süt, bal ve buz küplerini birleştirin.

b) Pürüzsüz ve kremsi olana kadar karıştırın.

c) Kahlua smoothie'yi bir bardağa dökün ve serinletici bir kahvaltı içeceği olarak keyfini çıkarın.

47.Nane ve Çilek Smoothie

İÇİNDEKİLER:
- 1 muz
- 1 su bardağı dondurulmuş çilek
- ¼ bardak taze nane yaprağı
- ½ bardak şekersiz vanilyalı badem sütü
- ½ bardak Yunan yoğurdu
- 1 yemek kaşığı bal

TALİMATLAR:
a) Bir karıştırıcıda muz, dondurulmuş çilek, nane yaprağı, badem sütü, Yunan yoğurdu ve balı birleştirin.
b) Pürüzsüz olana kadar karıştır.
c) Bir bardağa dökün ve hemen servis yapın.
d) Eğlence!

48.Kremalı Amerikan Peynirli Smoothie

İÇİNDEKİLER:
- 1 bardak süt
- ½ bardak sade Yunan yoğurdu
- 1 muz
- ¼ bardak rendelenmiş Amerikan peyniri
- 1 çay kaşığı bal

TALİMATLAR:
a) Bir karıştırıcıda süt, Yunan yoğurdu, muz, rendelenmiş Amerikan peyniri ve balı birleştirin.
b) Pürüzsüz ve kremsi olana kadar karıştırın.
c) Uzun bir bardakta servis yapın ve keyfini çıkarın.

49. Badem Joy Smoothie

İÇİNDEKİLER:
- ½ bir bardak şekersiz badem sütü
- ½ fincan vanilya Yunan yoğurdu
- ¼ fincan amaretto
- ¼ bir bardak şekersiz kıyılmış hindistan cevizi
- 1 muz, dondurulmuş
- buz

TALİMATLAR:
a) Badem sütü, Yunan yoğurdu, amaretto, rendelenmiş hindistan cevizi ve dondurulmuş muzu bir karıştırıcıya ekleyin ve pürüzsüz hale gelinceye kadar karıştırın.

b) Blendere buz ekleyin ve smoothie kalın ve kremsi hale gelinceye kadar tekrar karıştırın.

c) Smoothie'yi bir bardağa dökün ve hemen servis yapın.

50.Kara orman güler yüzlü

İÇİNDEKİLER:
HAZIRLIK İÇİN
- 1 (16 ons) torba dondurulmuş çekirdeksiz tatlı kiraz
- 2 su bardağı bebek ıspanak
- 2 yemek kaşığı kakao tozu
- 1 yemek kaşığı chia tohumu

HİZMET ETMEK
- 1 su bardağı şekersiz çikolatalı badem sütü
- ¾ bardak vanilya %2 Yunan yoğurdu
- 3 çay kaşığı akçaağaç şurubu
- 1 çay kaşığı vanilya özü

TALİMATLAR:
a) Kirazları, ıspanağı, kakao tozunu ve chia tohumlarını geniş bir kapta birleştirin. 4 adet kilitli dondurucu poşetine paylaştırın. Hizmet vermeye hazır olana kadar bir aya kadar dondurun.

b) BİR SERVİS HAZIRLAMAK İÇİN: Bir poşetin içindekileri blendera koyun ve ¼ bardak badem sütü, 3 yemek kaşığı yoğurt, ¾ çay kaşığı akçaağaç şurubu ve ¼ çay kaşığı vanilya ekleyin. Pürüzsüz olana kadar karıştır. Derhal servis yapın.

51.Ejder Meyvesi ve Granola Yoğurt Kasesi

İÇİNDEKİLER:
- 1 ejder meyvesi
- 1 bardak Yunan yoğurdu
- ½ bardak granola
- 1 yemek kaşığı bal

TALİMATLAR:
a) Ejder meyvesini ikiye bölün ve içini çıkarın.
b) Bir kapta Yunan yoğurdu ve balı karıştırın.
c) Ayrı bir kapta ejder meyvesi etini, Yunan yoğurdu karışımını ve granolayı katlayın.
d) Tüm malzemeler kullanılıncaya kadar katmanları tekrarlayın.
e) Soğutulmuş hizmet.

52.Dut Ejderha Meyveli Smoothie

İÇİNDEKİLER:
- Smoothie:
- 1 su bardağı dondurulmuş ahududu
- 1 ¾ su bardağı dondurulmuş pembe ejderha meyvesi (200 gram)
- ½ bardak dondurulmuş böğürtlen
- 5.3 ons çilekli Yunan yoğurdu (150 gram)
- 2 yemek kaşığı chia tohumu
- 1 çay kaşığı limon suyu (½ limon)
- 1 çay kaşığı rendelenmiş zencefil
- 1 su bardağı şekersiz badem sütü veya tercih edilen süt

İSTEĞE BAĞLI GARNİTÜR:
- Chia tohumları
- meyveler

TALİMATLAR:

a) Ahududu, ejderha meyvesi, böğürtlen, yoğurt, chia tohumu, misket limonu ve zencefili bir blender kabına ekleyin. Badem sütü ekleyin, üzerini örtün ve pürüzsüz hale gelinceye kadar yüksek devirde karıştırın.

b) Gerektiğinde kabın kenarlarını bir spatula ile kazımak için duraklayın. Eğer smoothie çok koyu ise istenilen kıvama ulaşana kadar gerektiği kadar badem sütü dökün.

c) Smoothie'yi bir bardağa dökün ve istenirse üzerine ilave chia tohumları ve meyveler ekleyin.

53.Klasik Nutellalı Smoothie

İÇİNDEKİLER:

- 6 sıvı ons az yağlı süt
- 2 yemek kaşığı Nutella
- 6 ons sade yağsız Yunan yoğurdu
- 1 muz, dilimlenmiş
- 4 taze çilek

TALİMATLAR:

a)   Bahsedilen tüm malzemeleri blendera koyun ve pürüzsüz hale gelinceye kadar karıştırın.

54.Ahududu Nutellalı Smoothie'ler

İÇİNDEKİLER:
- 2 su bardağı dondurulmuş ahududu
- 1 büyük muz
- 1 5.3 ons ahududu Yunan yoğurdu
- ½ bardak süt
- 2 su bardağı vanilyalı dondurma
- ¼ bardak Nutella
- ½ bardak taze ahududu – temizlenmiş ve kurulanmış
- Ghirardelli çikolatalı gofretleri eritiyor

TALİMATLAR:

a) Taze ahududuları eriyen çikolataya batırın. Buzdolabına koyun.

b) El mikseri kullanarak vanilyalı dondurmayı ve Nutella'yı krema kıvamına gelinceye kadar krema haline getirin. Dondurucuya koyun.

c) Bir blender kullanarak dondurulmuş ahududuları, muzları, Yunan yoğurtunu ve sütü karıştırın.

d) Birleştirmek için, harmanlanmış ahududuları, ardından dondurmayı/Nutella'yı katlayın ve üstüne kalan harmanlanmış ahududuları ekleyin.

e) Hemen birkaç çikolata kaplı ahududu ile servis yapın.

55.Şeftali ve Mikro Yeşilliklerle Açaí Kase

İÇİNDEKİLER:
- ½ Bardak Lahana Mikro Yeşilleri
- 1 dondurulmuş muz
- 1 su bardağı dondurulmuş kırmızı meyveler
- 4 yemek kaşığı Açaí tozu
- ¾ bardak badem veya hindistan cevizi sütü
- ½ bardak sade Yunan yoğurdu
- ¼ çay kaşığı badem özü

GARNİTÜR:
- Kızarmış Hindistan cevizi gevreği
- Taze şeftali dilimleri
- Granola veya kızarmış fındık/tohumlar
- Bal çiseleme

TALİMATLAR:
a) Sütü ve yoğurdu büyük, yüksek hızlı bir karıştırıcıda karıştırın. Dondurulmuş meyve Açaí'yi, lahana mikro yeşilliklerini ve badem özünü ekleyin.

b) Pürüzsüz olana kadar düşük devirde karıştırmaya devam edin, yalnızca gerekirse ilave sıvı ekleyin. Dondurma gibi kalın ve kremsi olmalı!

c) Smoothie'yi iki kaseye bölün ve üzerine en sevdiğiniz malzemeleri ekleyin.

56. Pavlova Kinoa Kasesi

İÇİNDEKİLER:
- 1 su bardağı pişmiş kinoa
- ½ bardak sade Yunan yoğurdu
- 1 yemek kaşığı bal
- 1 mini Pavlova kabuğu, ufalanmış
- ¼ bardak karışık meyveler
- ¼ bardak dilimlenmiş badem

TALİMATLAR:
a) Bir kapta pişmiş kinoayı, süzme yoğurdu ve balı karıştırın.
b) Kinoa karışımının üzerine ufalanmış mini Pavlova kabuğunu ekleyin.
c) Üzerine karışık meyveleri ve dilimlenmiş bademleri ekleyin.
d) Derhal servis yapın.

57.Ube ve Muz kasesi

İÇİNDEKİLER:

- 1 muz, püresi
- 3 yemek kaşığı ube halaya, bölünmüş
- 1/4 bardak eski moda yulaf ezmesi
- 1/4 su bardağı taze süt
- 1 yemek kaşığı chia tohumu
- 1/2 yemek kaşığı haşhaş tohumu
- 2 yemek kaşığı Yunan yoğurdu
- 1/2 çay kaşığı vanilya aroması
- 1 yemek kaşığı bal
- üzeri için çikolata parçacıkları
- Üzeri için kıyılmış kavrulmuş fıstık
- üzeri için rendelenmiş çabuk eriyen peynir
- 1 damla küp aroması veya tadı

TALİMATLAR:

a) Muzu ezin. Kullanıyorsanız 1 çorba kaşığı ube halaya ve ube aromasını karıştırın. Eski usul yulaf ezmesi, süt, chia tohumu, haşhaş tohumu, Yunan yoğurdu, vanilya ve bal ekleyin.

b) Karışımı iyice birleşene kadar karıştırın.

c) Bir kavanoz veya cam bardakta kalan ube halayayı bardağın kenarlarına sürün.

d) Bardağı yulaf karışımıyla doldurun. İsteğe göre Topingler ekleyin. Üzerini kapatıp bir gece buzdolabında bekletin.

e) Ertesi sabah yemeden önce ilave taze süt ekleyin.

ATIŞTIRMALIKLAR VE MEZELER

58.Yunan Yoğurt Kaplı Kraker

İÇİNDEKİLER:

- Çubuk kraker çubukları veya kraker kıvrımları
- Yunan yoğurdu (sade veya aromalı)
- Serpinti veya renkli şeker (isteğe bağlı)

TALİMATLAR:

a) Bir fırın tepsisini parşömen kağıdıyla hizalayın.
b) Krakerleri yarıya kadar kaplayacak şekilde Yunan yoğurduna batırın.
c) Yoğurt kaplı krakerleri hazırlanan fırın tepsisine yerleştirin.
d) İstenirse yoğurt kaplamasının üzerine serpin veya renkli şeker serpin.
e) Fırın tepsisini yaklaşık 30 dakika veya yoğurt sertleşene kadar buzdolabına koyun.
f) Sertleştikten sonra yoğurt kaplı simitleri beslenme çantasına koyun.

59.Yoğurtlu kayısı soslu otlu börek

İÇİNDEKİLER:

- 3 yumurta; hafif çırpılmış
- 150 gram Mozarella; rendelenmiş
- 85 gram Taze rendelenmiş Parmesan
- 125 gram taze galeta unu
- ½ Kırmızı soğan; ince doğranmış
- ¼ çay kaşığı kırmızı pul biber
- 2 yemek kaşığı taze mercanköşk
- 2 yemek kaşığı kabaca doğranmış frenk soğanı
- 5 yemek kaşığı kıyılmış düz yapraklı maydanoz
- 1 avuç roka yaprağı; kabaca doğranmış
- 1 avuç körpe ıspanak yaprağı; doğranmış
- Tuz, karabiber ve ayçiçek yağı
- 500 gram Yunan yoğurdu
- 12 Tüketime hazır kuru kayısı; ince doğranmış
- 2 diş sarımsak ve kıyılmış taze nane

TALİMATLAR:

a) Yağ ve tereyağı dışındaki kızartma malzemelerini kalın ve oldukça katı hale gelinceye kadar karıştırın. Nemliyse ekmek kırıntılarıyla bağlayın.
b) Sos malzemelerini kullanmadan hemen önce karıştırın.
c) Bir kızartma tavasına 1cm/½" yağı dökün, tereyağını ekleyin ve bulanıklaşana kadar ısıtın.
d) Oval şekilli börekleri elinizle bastırarak sıkıştırın.
e) Çıtır çıtır olana kadar 2-3 dakika yağda kızartın.

60. Fıstıklı Limonlu Donut

İÇİNDEKİLER:
DONUTLAR İÇİN:
- Yapışmaz pişirme spreyi
- ½ su bardağı toz şeker
- 1 limonun rendelenmiş kabuğu ve suyu
- 1 ½ su bardağı çok amaçlı un
- ¾ çay kaşığı kabartma tozu
- ¼ çay kaşığı karbonat
- ¼ çay kaşığı tuz
- ⅓ bardak ayran
- ⅓ bardak tam yağlı süt
- 6 TB. tuzsuz tereyağı, oda sıcaklığında
- 1 yumurta
- 2 çay kaşığı vanilya özü

GLAZÜR İÇİN
- ½ bardak sade Yunan yoğurdu veya diğer tam yağlı yoğurt
- 1 limonun rendelenmiş kabuğu
- ¼ çay kaşığı tuz
- 1 su bardağı şekerleme şekeri
- ½ su bardağı kavrulmuş antep fıstığı, doğranmış

TALİMATLAR:
a) Donutları yapmak için fırını önceden 375°F'ye ısıtın.
b) Donut tavasının deliklerini yapışmaz pişirme spreyi ile kaplayın.
c) Küçük bir kapta toz şeker ve limon kabuğu rendesini birleştirin. Parmak uçlarınızı kullanarak kabuğunu şekere sürün. Başka bir kapta un, kabartma tozu, kabartma tozu ve tuzu birlikte çırpın. Bir ölçüm kabında ayran, tam yağlı süt ve limon suyunu karıştırın.
d) Kürek aparatı takılı bir stand mikserin kasesinde, şeker karışımını ve tereyağını orta hızda hafif ve kabarık olana kadar yaklaşık 2 dakika çırpın. Kasenin kenarlarını kazıyın. Yumurtayı ve vanilyayı ekleyin ve birleşene kadar orta hızda yaklaşık 1 dakika çırpın.
e) Düşük hızda un karışımını, süt karışımıyla dönüşümlü olarak unla başlayıp biten şekilde 3 seferde ekleyin. Her eklemeyi yeni karışana kadar çırpın.

f) 2 yemek kaşığı dökün. hazırlanan her bir kuyuya meyilli. Tavayı pişirme işleminin yarısına kadar 180 derece döndürerek, Donutlara batırılan kürdan temiz çıkana kadar, yaklaşık 10 dakika pişirin. Tavayı soğutma rafında 5 dakika soğumaya bırakın, ardından Donutları rafa ters çevirin ve tamamen soğumaya bırakın. Bu arada tavayı yıkayıp kurulayın ve kalan hamuru da aynı şekilde pişirin.

g) Sır hazırlamak için bir kasede yoğurt, limon kabuğu rendesi ve tuzu karıştırın. Şekerlemelerin şekerini ekleyin ve pürüzsüz ve iyice karışana kadar karıştırın. Donutları üst kısmı alta gelecek şekilde sosa batırın, üzerine antep fıstığı serpin ve servis yapın.

61. Tiramisu Protein Barları

İÇİNDEKİLER:
TEMEL:
- ⅓ bardak Yulaf Unu
- 1 sayfa Graham Kraker, Ezilmiş
- ½ ölçek Vanilya Protein Tozu
- ½ ölçek Aromasız Protein Tozu
- 2 yemek kaşığı Hindistan Cevizi Unu
- ¼ bardak Şekersiz Badem Sütü

KAHVE KARAMELİ:
- 2 yemek kaşığı Fıstık Ezmesi Tozu
- 1 yemek kaşığı + 1 çay kaşığı Kaju Yağı
- 1½ yemek kaşığı Vanilya Protein Tozu
- 1½ yemek kaşığı Aromasız Protein Tozu
- 1½ çay kaşığı Hazır Kahve
- ¾ yemek kaşığı Akçaağaç Şurubu
- ¾ yemek kaşığı Su
- ⅛ çay kaşığı Vanilya Ekstraktı

KREM PEYNİR:
- 6 yemek kaşığı Yağsız Yunan Yoğurt
- 3 ons Azaltılmış Yağlı Krem Peynir
- ½ ölçek Vanilya Protein Tozu, Peynir Altı Suyu-Kazein
- 2 yemek kaşığı Hindistan Cevizi Unu
- Tozunu almak için Kakao Tozu

TALİMATLAR:
a) Bir somun tavasını parşömen kağıdıyla hizalayın; Daha sonra kaldırmak için bir çıkıntı bırakın.
b) Fırını 350°F'ye önceden ısıtın.

TEMEL:
a) Bir mutfak robotunda yulaf ununu, ezilmiş graham krakerini, vanilya protein tozunu, tatlandırılmamış protein tozunu ve hindistancevizi ununu birleştirin.
b) Bir kaseye aktarın, badem sütünü ekleyin ve karıştırın.
c) Karışım kalın fakat hamur gibi biraz yapışkan olmalıdır.
d) Hazırlanan tavaya aktarın ve aşağı doğru bastırın.
e) 10 dakika pişirin, ardından yaklaşık 10 dakika soğumaya bırakın:

KAHVE KARAMELİ:

a) Aynı kapta fıstık ezmesi tozu, badem ezmesi, vanilya protein tozu, tatlandırılmamış protein tozu, hazır kahve, akçaağaç şurubu, su ve vanilyayı birlikte karıştırın.

b) Taban katmanının üzerine yayın ve kaşığın arkasını kullanarak pürüzsüz hale getirin.

PROTEİN KREM PEYNİR:

a) Bir kapta yumuşatılmış krem peyniri, Yunan yoğurtunu, protein tozunu ve hindistancevizi ununu birleştirin.

b) Tabanın üzerine yayın.

c) Yaklaşık 5-10 dakika kadar soğuması için dondurucuya kaldırın.

d) Üzerine kakao serpip 8 dilime bölüp servis yapın.

62.Tiramisu Muffinleri

İÇİNDEKİLER:
ÇÖREK, KEK
- 2 fincan çok amaçlı un
- 2 yemek kaşığı kakao tozu
- 1 yemek kaşığı kabartma tozu
- 3 yemek kaşığı espresso tozu
- 10 yemek kaşığı tuzsuz tereyağı, yumuşatılmış
- 1 su bardağı Ekstra İnce Toz Şeker
- 2 yumurta
- ½ bardak mascarpone
- ½ bardak sade Yunan yoğurdu
- 1 bardak süt

SÜSLEME
- 2 yemek kaşığı kakao tozu

TALİMATLAR:
a) Fırını 375°F'ye önceden ısıtın. Muffin kalıbını kağıt astarlarla kaplayın ve bir kenara koyun.
b) Büyük bir kapta un, kakao, kabartma tozu ve espresso tozunu çırpın.
c) Bir mikser kabında, tereyağını ve şekeri hafif ve kabarık olana kadar çırpın. Gerektiğinde kasenin kenarlarını kazıyın.
d) Yumurtaları teker teker ekleyin ve her eklemeden sonra iyice çırpın.
e) Tamamen birleşene kadar mascarpone ve Yunan yoğurtunu çırpın. Alternatif un karışımını ve sütü ekleyip iyice karıştırın.
f) Muffin kalıplarının ¾'ünü doldurun ve 25-30 dakika veya ortasına batırdığınız kürdan temiz çıkana kadar pişirin.
g) Üzerine kakao tozu serpin.

63.Ispanaklı ve Beyaz Peynirli Donutlar

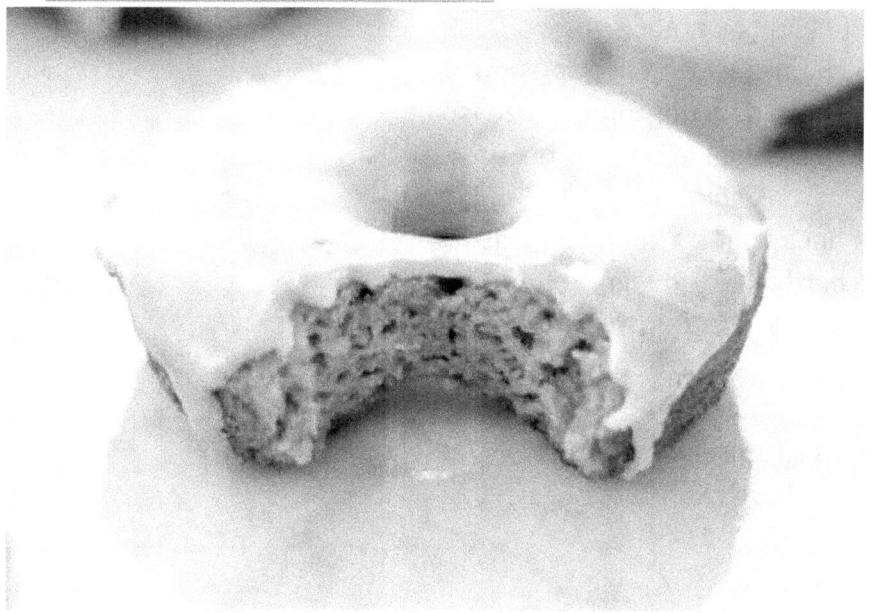

İÇİNDEKİLER:

- 1 fincan çok amaçlı un
- ½ su bardağı tam buğday unu
- ½ su bardağı doğranmış taze ıspanak
- ½ su bardağı ufalanmış beyaz peynir
- ⅓ bardak süt
- ⅓ fincan sade Yunan yoğurdu
- ¼ bardak zeytinyağı
- 1 çay kaşığı kabartma tozu
- ½ çay kaşığı karbonat
- ¼ çay kaşığı tuz
- 2 diş sarımsak, kıyılmış
- ¼ çay kaşığı karabiber

TALİMATLAR:

a) Fırını 350°F'ye (180°C) önceden ısıtın.

b) Büyük bir kapta unları, kabartma tozunu, kabartma tozunu, tuzu ve karabiberi birlikte çırpın.

c) Başka bir kapta doğranmış ıspanak, ufalanmış beyaz peynir, süt, Yunan yoğurdu, zeytinyağı ve kıyılmış sarımsağı karıştırın.

d) Islak malzemeleri kuru malzemelere ekleyin ve birleşene kadar karıştırın.

e) Hamuru yağlanmış çörek tepsisine dökün ve 12-15 dakika veya ortasına batırdığınız kürdan temiz çıkana kadar pişirin.

f) Tamamen soğuması için tel rafa çıkarmadan önce tavada 5 dakika soğumaya bırakın.

64.Sırlı Kabarık Çikolatalı Donutlar

İÇİNDEKİLER:

- 1 ¾ su bardağı un
- 1 ½ çay kaşığı kabartma tozu
- ½ çay kaşığı tuz
- 1 çay kaşığı tarçın
- 1 çay kaşığı kabak baharatı
- 2 yemek kaşığı hindistancevizi yağı veya bitkisel yağ
- ⅓ bardak vanilyalı Yunan yoğurdu
- ½ su bardağı açık kahverengi şeker
- 1 yumurta
- 2 çay kaşığı Baileys veya vanilya
- ¾ bardak konserve kabak
- ½ bardak vanilyalı badem sütü

BAILEYS GLAZE

- 2 su bardağı pudra şekeri
- 3 kap dolusu Baileys
- 1 yemek kaşığı vanilyalı badem sütü

TALİMATLAR:

a) Fırını 350° F'ye önceden ısıtın. Donut tavanıza yapışmaz sprey püskürtün ve bir kenara koyun.

b) Bir kapta un, kabartma tozu, tuz ve baharatları karıştırıp bir kenara koyun.

c) Büyük bir kapta yağı, Yunan yoğurtunu, esmer şekeri, yumurtayı, vanilyayı, balkabağı ve badem sütünü bir araya gelinceye kadar çırpın. Kuru malzemeleri yavaş yavaş karışıma ekleyin ve birleşene kadar karıştırın, aşırı karıştırmamaya dikkat edin, aksi halde çörekler sert ve çiğnenebilir olacaktır.

d) Bir hamur işi torbası veya köşesi kesilmiş bir plastik torba kullanarak, hamuru her Donut bardağına yaklaşık ⅔ dolu, ancak taşmayacak şekilde sıkın.

e) Çörekler hafifçe bastırıldığında eski haline dönene kadar 11 - 13 dakika pişirin. Çörekleri tel rafın üzerine çevirin ve tamamen soğumasını bekleyin.

f) Çörekler soğurken Baileys kremasını hazırlayın.

BAILEYS GLAZE

g) Tüm malzemeleri küçük bir kapta birleştirin ve pürüzsüz hale gelinceye kadar çırpın.

h) Donutlar tamamen soğuduğunda, her Donutun üst kısmını sırın içine batırın ve tekrar tel ızgaranın üzerine koyun.

65.Hava Fritözü Pop-Tarts

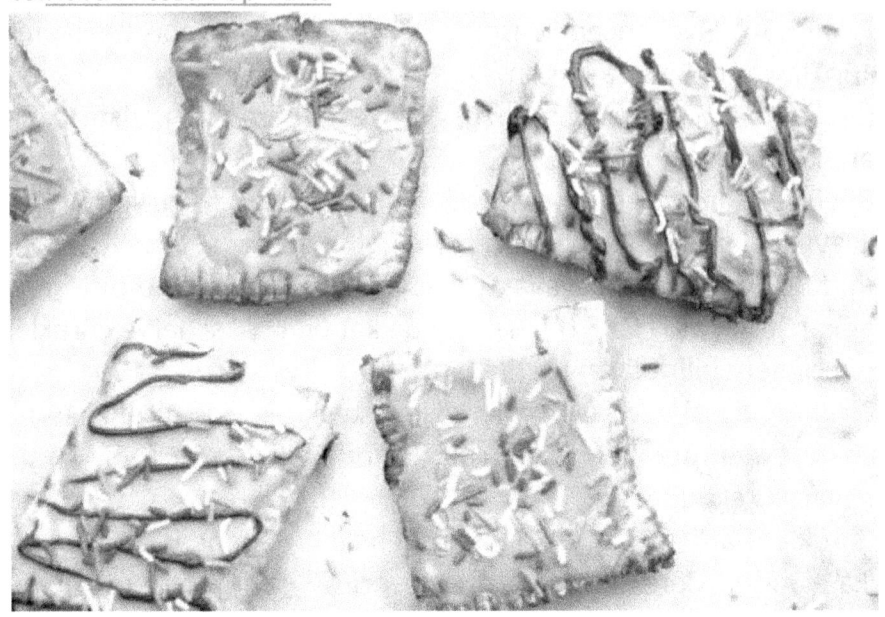

İÇİNDEKİLER:
POPARTARTLAR
- 2 Su Bardağı Kendiliğinden Yükselen Un
- 2 Su Bardağı Yunan Yoğurt
- Çilek reçeli
- Nutella
- 1 Muz

SIR:
- ½ Su Bardağı Pudra Şekeri
- 1 yemek kaşığı Krema
- 1 çay kaşığı Vanilya
- Kırmızı gıda boyası
- 1 yemek kaşığı ılık su
- Nutella
- Gökkuşağı serpintileri

TALİMATLAR:
a) Hamurunuzu yapmak için un ve Yunan yoğurdu birleştirerek başlayın. Top haline gelinceye kadar yoğurun, ardından unlanmış bir yüzeyde yuvarlayın ve 16 dikdörtgen halinde kesin.

b) Çilekli pop tartlarınız için dikdörtgenlerin 4'üne birkaç çay kaşığı çilek reçeli ekleyin. Başka bir dikdörtgenle örtün ve kenarlarını çatalla sıkıştırın.

c) Nutellalı pop tartlar için 4 dikdörtgene birkaç çay kaşığı Nutella ve birkaç ince dilim muz ekleyin. Başka bir dikdörtgenle örtün ve kenarlarını çatalla sıkıştırın.

d) Yaklaşık 8-10 dakika boyunca 400°C'de havayla kızartın. Yarı yol işaretini kontrol edin ve çevirin.

e) Çilek sosunu hazırlamak için ¼ bardak pudra şekeri, krema, vanilya ve bir damla gıda boyasını birleştirin. Karıştırıldığında pop tartların üzerine yayın ve üzerine serpin.

f) Nutellalı pop tartları bitirmek için geri kalan pudra şekeri ve ılık suyu birleştirin. Daha sonra pop tartların üzerine yayın.

g) Sırın biraz sertleşmesini bekleyin ve servise hazırlar!

DIP'ler

66. Limoncello Yunan Yoğurt Sosu

İÇİNDEKİLER:

- 1 bardak Yunan yoğurdu
- 2 yemek kaşığı Limoncello likörü
- 1 limon kabuğu rendesi ve
- 1 yemek kaşığı bal (isteğe bağlı)
- Daldırma için çeşitli taze meyveler, kurabiyeler veya krakerler

TALİMATLAR:

a) Bir kapta Yunan yoğurdu, Limoncello, limon kabuğu rendesi ve balı (istenirse) birleştirin. İyice karışana kadar karıştırın.

b) Tatların erimesine izin vermek için daldırmayı en az 30 dakika soğutun.

c) Limoncello yoğurt sosunu daldırma için taze meyveler, kurabiyeler veya krakerlerle servis edin.

d) Bir miktar Limoncello eşliğinde kremsi ve keskin sosun tadını çıkarın.

67.Lunchbox Çilekli Yoğurt Sosu

İÇİNDEKİLER:
- 1 bardak Yunan yoğurdu
- ½ bardak püresi çilek
- 1 yemek kaşığı bal veya akçaağaç şurubu
- ½ çay kaşığı vanilya özü

TALİMATLAR:
a) Bir kasede Yunan yoğurdu, çilek püresi, bal veya akçaağaç şurubu ve vanilya özünü birleştirin.

b) Pürüzsüz ve iyice birleşene kadar iyice karıştırın.

c) Sağlıklı çilekli yoğurt sosunu, daldırma için taze meyve veya tam tahıllı krakerlerle birlikte küçük bir kapta paketleyin.

68. Çiftlik daldırma

İÇİNDEKİLER:

- 1 bardak mayonez
- ½ bardak sade Yunan yoğurdu
- 1½ çay kaşığı kurutulmuş frenk soğanı
- 1½ çay kaşığı kurutulmuş maydanoz
- 1½ çay kaşığı kurutulmuş dereotu
- ¾ çay kaşığı toz sarımsak
- ¾ çay kaşığı granül soğan
- ½ çay kaşığı tuz
- ¼ çay kaşığı karabiber

TALİMATLAR:
a) Tüm malzemeleri küçük bir kapta birleştirin.
b) Servis yapmadan önce 30 dakika buzdolabında bekletin.

69.Sarımsak ve pastırma sosu

İÇİNDEKİLER:

- 8 dilim şekersiz pastırma
- 2 su bardağı doğranmış ıspanak
- 1 (8 ons) paket krem peynir, yumuşatılmış
- ¼ bardak tam yağlı ekşi krema
- ¼ fincan sade, tam yağlı Yunan yoğurdu
- 2 yemek kaşığı kıyılmış taze maydanoz
- 1 yemek kaşığı limon suyu
- 6 diş kavrulmuş sarımsak, püresi
- 1 çay kaşığı tuz
- ½ çay kaşığı karabiber
- ½ su bardağı rendelenmiş parmesan peyniri

TALİMATLAR:

a) Fırını 350°F'ye önceden ısıtın.

b) Pastırmayı orta boy bir tavada, orta ateşte, çıtır çıtır olana kadar pişirin. Pastırmayı tavadan çıkarın ve kağıt havlularla kaplı bir tabağa koyun.

c) Ispanakları sıcak tavaya ekleyip suyunu çekene kadar pişirin. Isıdan çıkarın ve bir kenara koyun.

d) Orta boy bir kaseye krem peynir, ekşi krema, yoğurt, maydanoz, limon suyu, sarımsak, tuz ve karabiber ekleyin ve birleşene kadar el mikseri ile çırpın.

e) Pastırmayı kabaca doğrayın ve krem peynir karışımına karıştırın. Ispanak ve Parmesan peynirini karıştırın.

f) 8" × 8" fırın tepsisine aktarın ve 30 dakika veya sıcak ve kabarcıklı olana kadar pişirin.

70.Konfeti Kek Hamuru Sosu

İÇİNDEKİLER:

- 1 kutu vanilyalı kek karışımı
- 1 ½ su bardağı sade Yunan yoğurdu
- 1 bardak çırpılmış tepesi (Cool Whip gibi)
- ½ bardak gökkuşağı serpintisi
- Daldırma için Graham krakerleri, kurabiyeler veya meyveler

TALİMATLAR:

a) Bir karıştırma kabında vanilyalı kek karışımını, sade Yunan yoğurtunu ve çırpılmış kremayı birleştirin. İyice birleşene ve pürüzsüz olana kadar karıştırın.

b) Aşırı karıştırmamaya dikkat ederek gökkuşağı serpintilerini yavaşça katlayın.

c) Sosu servis kasesine aktarın ve üzerine ilave serpintilerle süsleyin.

d) Daldırma için graham krakerleri, kurabiyeler veya meyvelerle servis yapın.

e) Şenlikli ve enfes konfeti kek hamurunun tadını çıkarın!

71. Hibiskuslu Yoğurt Sosu

İÇİNDEKİLER:
- 1 bardak Yunan yoğurdu veya bitki bazlı yoğurt
- 2 yemek kaşığı ebegümeci şurubu veya ebegümeci çayı konsantresi
- 1 yemek kaşığı bal veya dilediğiniz tatlandırıcı
- Daldırma için elma dilimleri, meyveler veya ananas parçaları gibi taze meyveler

TALİMATLAR:
a) Bir kasede Yunan yoğurdu, ebegümeci şurubu veya çay konsantresini ve balı iyice birleşene kadar karıştırın.

b) Ebegümeci yoğurt sosunu taze meyve dilimleri veya parçalarıyla birlikte servis edin.

c) Kremsi ve keskin bir atıştırmalık için meyveleri ebegümeci yoğurt sosuna batırın.

d) Serinletici ve besleyici bir atıştırmalık seçeneği olarak ebegümeci ile aşılanmış yoğurt sosunun tadını çıkarın.

72. Greyfurt ve Yoğurt Sosu

İÇİNDEKİLER:

- 1 greyfurt, parçalara ayrılmış
- 1 bardak sade Yunan yoğurdu
- 1 yemek kaşığı bal
- ¼ çay kaşığı öğütülmüş tarçın

TALİMATLAR:

a) Orta boy bir karıştırma kabında Yunan yoğurdu, bal ve tarçını birlikte çırpın.
b) Greyfurt dilimlerini yavaşça katlayın.
c) Dilimlenmiş elma, armut veya kraker ile servis yapın.

73. Nane Yoğurt Sosu

İÇİNDEKİLER:

- 1 bardak sade Yunan yoğurdu
- ¼ bardak doğranmış taze nane yaprağı
- 1 diş sarımsak, kıyılmış
- 1 yemek kaşığı limon suyu
- Tatmak için biber ve tuz

TALİMATLAR:

a) Bir kasede Yunan yoğurtunu, doğranmış nane yapraklarını, kıyılmış sarımsağı ve limon suyunu iyice birleşene kadar çırpın.

b) Nane yoğurt sosunu tuz ve karabiberle tatlandırın.

c) Nane yoğurt sosunu ızgara etler ve kavrulmuş sebzelerin yanında çeşni olarak veya cips veya sebzelerin sos olarak servis edin.

ANA DİL

74. Hibiskus Siyah Fasulye Çorbası

İÇİNDEKİLER:

- 2 su bardağı pişmiş siyah fasulye
- 4 su bardağı sebze suyu
- 1 su bardağı doğranmış domates (konserve veya taze)
- ½ su bardağı küp küp doğranmış biber
- ½ bir bardak doğranmış soğan
- 2 diş sarımsak, kıyılmış
- 2 yemek kaşığı zeytinyağı
- 2 yemek kaşığı ebegümeci çayı (kuvvetle demlenip soğutulmuş)
- 1 çay kaşığı öğütülmüş kimyon
- ½ çay kaşığı pul biber
- Tatmak için biber ve tuz
- Garnitür için taze kişniş
- Ekşi krema veya Yunan yoğurdu

TALİMATLAR:

a) Büyük bir tencerede zeytinyağını orta ateşte ısıtın. Küp doğranmış soğanı, biberi ve kıyılmış sarımsağı ekleyin.

b) Soğanlar şeffaflaşıncaya ve biberler hafifçe yumuşayana kadar soteleyin.

c) Pişmiş siyah fasulyeyi, doğranmış domatesi, sebze suyunu, ebegümeci çayını, çekilmiş kimyonu ve kırmızı toz biberi tencereye ekleyin. Birleştirmek için iyice karıştırın.

d) Karışımı kaynatın, ardından ısıyı azaltın ve tatların birbirine karışmasını sağlamak için yaklaşık 15-20 dakika pişirin.

e) Bir daldırma blenderi veya tezgah üstü blender kullanarak çorbayı pürüzsüz ve kremsi olana kadar karıştırın. Tezgah üstü blender kullanıyorsanız gruplar halinde çalışın ve sıcak sıvıları karıştırırken dikkatli olun.

f) Çorbayı tekrar tencereye alıp tuz ve karabiberle tatlandırın. 5 dakika daha pişirin.

g) Ebegümeci ile demlenmiş siyah fasulye çorbasını kaselere koyun ve taze kişnişle süsleyin.

h) Bir parça ekşi krema veya Yunan yoğurdu ekleyin.

i) Çıtır ekmek veya tortilla cipsi ile sıcak olarak servis yapın.

75.Yoğurt Soslu Kuzu Köfte

İÇİNDEKİLER:
YOĞURT SOSU
- 1 diş sarımsak, ince rendelenmiş
- 1½ bardak sade Yunan yoğurdu
- 2 yemek kaşığı zeytinyağı
- 2 çay kaşığı taze limon suyu
- 2 çay kaşığı bal
- Kaşer tuzu

KÖFTE VE MONTAJ
- Zeytin yağı
- 5 yeşil soğan, 3'ü ince doğranmış, 2'si çapraz olarak ince dilimlenmiş
- 1 büyük yumurta
- 2 yemek kaşığı domates salçası
- 1 çay kaşığı öğütülmüş kişniş
- 1 çay kaşığı öğütülmüş kimyon
- ¼ çay kaşığı öğütülmüş tarçın
- 2 yemek kaşığı kıyılmış kişniş ve ⅓ bardak kişniş yaprağı
- 2 yemek kaşığı kıyılmış maydanoz ve ⅓ bardak maydanoz yaprağı
- ½ çay kaşığı sıcak füme İspanyol kırmızı biberi
- 1½ pound öğütülmüş kuzu
- Kaşer tuzu
- 1 çay kaşığı taze limon suyu

TALİMATLAR:
YOĞURT SOSU

a) Küçük bir kapta sarımsak, yoğurt, yağ, limon suyu ve balı karıştırın; sosu tuzla tatlandırın.

b) Köfte yaparken üzerini örtün ve soğutun.

KÖFTE VE MONTAJ

c) Fırını 350°'ye önceden ısıtın. Fırın tepsisini parşömenle kaplayın ve hafifçe yağlayın. Orta boy bir kapta doğranmış yeşil soğan, yumurta, salça, kişniş, kimyon, tarçın, 2 yemek kaşığı kıyılmış kişniş, 2 yemek kaşığı kıyılmış maydanoz ve ½ çay kaşığı kırmızı biberi karıştırın.

d) Kuzu geniş bir kaseye yerleştirin, ardından kasenin kenarları boyunca hafifçe bastırın. Parmaklarınızı kullanarak etin üzerinde küçük çukurlar oluşturun ve cömertçe tuz serpin, elinizi kasenin üzerinde tutarak tuzun eşit şekilde dağılmasını sağlayın. Kaseye yeşil soğan karışımı ekleyin ve eti aşağı ve karışımın üzerine katlayın. Eşit şekilde dağılana kadar elinizle karıştırın. Köfte karışımını hazırlanan fırın tepsisine aktarın ve kabaca 8x3½" kütük haline getirin. Köfteyi yağla fırçalayın ve meyve suları çıkana kadar pişirin ve en kalın kısma yerleştirilen anında okunan termometre 140°, 35-40 dakika kaydeder.

e) Köfteyi fırından çıkarın ve fırın sıcaklığını 500°'ye yükseltin. (Köfteyi tekrar yerleştirmeden önce fırının ısınmasını bekleyin. Bu, fazla pişirmeden üstünün daha iyi kızarmasını sağlayacaktır.) Köftenin üst kısmı kızarıncaya kadar pişirin ve anında okunan termometre 160°'yi yaklaşık 5 dakika olarak kaydedin. Köfteyi bir kesme tahtasına aktarın ve dilimlemeden önce 10 dakika dinlendirin.

f) Bu arada dilimlenmiş yeşil soğanı, limon suyunu, ⅓ su bardağı kişniş yaprağını ve ⅓ su bardağı maydanoz yapraklarını küçük bir kaseye atın. Biraz yağ gezdirin; tuzla tatlandırın ve tekrar atın.

g) Bir tabağa yoğurt sürün ve üzerine köfte dilimlerini dizin. Üzerine bitki salatası ekleyin ve üzerine biraz kırmızı biber serpin.

76.Somon ve yumurta sarma

İÇİNDEKİLER:

- 2 büyük İngiliz aslanı yumurtası, dövülmüş
- 1 yemek kaşığı doğranmış taze dereotu veya frenk soğanı
- Bir tutam tuz ve taze çekilmiş karabiber
- Bir tutam zeytinyağı
- 2 yemek kaşığı yağsız Yunan yoğurdu
- Biraz rendelenmiş lezzet ve bir miktar limon suyu
- 40 gr füme somon, şeritler halinde dilimlenmiş
- Bir avuç su teresi, ıspanak ve roka yaprağı salatası

TALİMATLAR:

a) Bir sürahide yumurtaları, otları, tuzu ve karabiberi çırpın. Yapışmaz bir kızartma tavasını ısıtın, yağı ekleyin ve ardından yumurtaları dökün ve bir dakika kadar veya üstteki yumurta sertleşene kadar pişirin.

b) Ters çevirin ve tabanı altın rengi oluncaya kadar bir dakika daha pişirin. Soğutmak için bir tahtaya aktarın.

c) Yoğurdu limon kabuğu rendesi ve suyu ve bol miktarda karabiberle karıştırın. Füme somonu yumurta sarısının üzerine dağıtın, üzerine yaprakları ekleyin ve yoğurt karışımının üzerine gezdirin.

d) Yumurta sarısını yuvarlayın ve servis yapmak için kağıda sarın.

77.Tavada Kızarmış Somonlu Limonlu Pilav

İÇİNDEKİLER:
PİRİNÇ
- 2 bardak pirinç
- 4 su bardağı tavuk suyu
- ½ çay kaşığı beyaz biber
- ½ çay kaşığı sarımsak tozu
- 1 küçük beyaz soğan, ince doğranmış
- 1 çay kaşığı ince rendelenmiş limon kabuğu rendesi
- 2 yemek kaşığı taze sıkılmış limon suyu

SOMON
- 4 somon filetosu, kılçıkları çıkarılmış
- Tatmak için biber ve tuz
- 2 Yemek kaşığı sızma zeytinyağı

DEREPE SOSU
- ½ fincan Yunan yoğurdu, az yağlı çeşit
- 1 yemek kaşığı taze sıkılmış limon suyu
- 1 Yemek kaşığı taze soğan, ince doğranmış
- 2 yemek kaşığı taze dereotu yaprağı, ince doğranmış
- 1 çay kaşığı taze limon kabuğu rendesi

TALİMATLAR:
a) Dereotu sosu için tüm malzemeleri küçük bir kapta karıştırın. En az 15 dakika buzdolabına koyun.

b) Orta boy bir tencerede tavuk suyunu kaynatın. Pirinç, sarımsak, soğan ve beyaz biberi ekleyip hafifçe karıştırın.

c) Tencerenin kapağını kapatın ve pirinç, tavuk suyunun tamamını emene kadar pişirin.

d) Et suyu nihayet emildiğinde, limon kabuğu rendesini ve suyunu ekleyin ve birleştirmek için iyice karıştırın. Kapağı tekrar kapatıp pirinci 5 dakika daha pişirin.

e) Büyük bir kızartma tavasında zeytinyağını kısık ateşte ısıtın. Somonu kızartmadan önce tuz ve karabiberle tatlandırın. Somonun her iki tarafını da 5-8 dakika veya istenilen pişme derecesine gelinceye kadar pişirin.

f) Tavada kızartılmış somonu pilav ve sosla birlikte servis edin.

78. Naneli somon salatası

İÇİNDEKİLER:

- 213 gram konserve kırmızı Alaska somonu
- 2 adet soyulmuş ve ikiye bölünmüş olgun avokado
- 1 Kireç; suyu sıkılmış
- 25 gram Kıvırcık hindiba
- 50 gram Salatalık; soyulmuş ve doğranmış
- ½ çay kaşığı Taze kıyılmış nane
- 2 yemek kaşığı Yunan yoğurdu
- Somon konservesini boşaltın, balığı büyük pullara bölün ve bir kenara koyun.

TALİMATLAR:

a) Avokado taşlarını çıkarın. Yuvarlak kısmından uzunlamasına dilimleyin. Dar ucundan tamamen kesmeyin.
b) Her yarımı 5 parçaya bölüp servis tabağına alın ve dilimleri yelpaze şeklinde yayın.
c) Limon suyuyla fırçalayın.
d) Hindibayı tabaklara yerleştirin ve üzerine somon pullarını yerleştirin.
e) Salatalık, nane ve yoğurdu karıştırın. Salatanın üzerine dökün.
f) Hemen servis yapın.

79.Katmanlı meyve ve karides salatası

İÇİNDEKİLER:

- 1 Olgun Galia kavunu, dörde bölünmüş ve tohumlar
- 1 büyük olgun mango, soyulmuş ve dilimlenmiş
- 200 gram ekstra büyük karides, çözülmüş
- 4 yemek kaşığı Doğal Yunan yoğurdu
- 1 yemek kaşığı domates veya kurutulmuş domates püresi
- 2 yemek kaşığı Süt
- Tuz ve taze çekilmiş karabiber
- 2 yemek kaşığı Taze doğranmış kişniş

TALİMATLAR:

a) Kavunun etini tek parça halinde çıkarın ve enine 4-5 dilime kesin. Dört tabakta yarım daire oluşturacak şekilde kavunu dilimlenmiş mangoyla katmanlayın.

b) Karidesleri meyvelerin her yarım dairesine bölün.

c) Sos malzemelerini karıştırın ve çekici bir desen oluşturmak için meyvenin bir tarafına dökün. Kişniş serpin ve gerekinceye kadar buzdolabında saklayın.

80.Sağlıklı Ejderha Meyvesi Waldorf Salatası

İÇİNDEKİLER:

- 1 büyük, olgun ejder meyvesi
- ⅓ bardak yüzde 2 Yunan yoğurdu
- 2 yemek kaşığı mayonez
- ½ limon suyu
- 1 çay kaşığı bal
- ½ çay kaşığı taze rendelenmiş zencefil
- ½ çay kaşığı koşer tuzu
- 1 küçük Granny Smith elması, çekirdeği çıkarılmış ve ½ inçlik parçalar halinde kesilmiş
- ½ bardak kırmızı çekirdeksiz üzüm, ikiye bölünmüş
- ½ bardak taze kişniş yaprağı, doğranmış
- ⅓ bardak kaju fıstığı, kabaca doğranmış
- 4 yaprak Bibb veya buzdağı marul

TALİMATLAR:

a) Dragon meyvesini uzunlamasına dörde bölün. Parmağınızı derinin altına sokun, geri çekin ve tek parça halinde soyun. Her çeyreği ¼ inç kalınlığında üçgenlere kesin.

b) Yoğurt, mayonez, limon suyu, bal, zencefil ve tuzu geniş bir kapta çırpın. Elmaları, üzümleri, ejderha meyvesi parçalarının ¾'ünü ve kişniş ve kaju fıstığının ¾'ünü ekleyin. Birleştirmek için atın ve yaklaşık 1 saat soğuyuncaya kadar soğutun.

c) 4 küçük kasenin her birine birer marul yaprağı koyun ve her birinin üstüne bir kepçe salata koyun. Kalan ejderha meyvesi, kişniş ve kaju fıstığı ile süsleyin.

81.Ejder Meyvesi ve Yengeç Salatası

İÇİNDEKİLER:
- 1 ejderha meyvesi, doğranmış
- ½ kiloluk parça yengeç eti
- ¼ bardak mayonez
- ¼ bardak Yunan yoğurdu
- 2 yemek kaşığı kıyılmış frenk soğanı
- 1 yemek kaşığı limon suyu
- Tatmak için biber ve tuz

TALİMATLAR:
a) Orta boy bir kapta mayonez, Yunan yoğurdu, frenk soğanı, limon suyu, tuz ve karabiberi birleştirin.
b) Doğranmış ejder meyvesini ve parça yengeç etini yavaşça katlayın.
c) Servis yapmadan önce en az 30 dakika soğutun.

82.Taze Meyve Tacoları

İÇİNDEKİLER:
- Tam buğday ekmeği (küçük)
- su
- Öğütülmüş tarçın
- Şeker
- Yunan yoğurdu (vanilya aromalı)
- Seçtiğiniz taze meyve (doğranmış):
- Çilekler
- Mango
- Ananas
- kivi

TALİMATLAR:
a) Fırını 325°F'ye önceden ısıtın.
b) Yuvarlak, plastik bir kurabiye kalıbı kullanarak, tam buğday ekmeğinden küçük daireler kesin (küçük tortilla başına yaklaşık 2 adet).
c) Bu küçük tortillaları fırın tepsisine dizin. Suyu küçük bir kaseye koyun; Bir teyel fırçası kullanarak ekmeğin üst tarafını hafifçe suyla kaplayın.
d) Az miktarda öğütülmüş tarçın ve şekeri bir kasede karıştırın; nemli tortillaları tarçın ve şeker karışımıyla tozlayın.
e) Maşa kullanarak, her tortillayı ekmek kızartma makinesindeki tel rafın üzerine ayrı ayrı asın ve tortillanın kenarlarının raftaki iki metal çubuğun arasına düşmesine izin verin.
f) Yaklaşık pişirin. 5-7 dakika, ekmeği periyodik olarak kontrol edin.
g) Maşa kullanarak ekmeği raftan kaldırın ve bir soğutma rafına aktarın; tortillaların soğuması için bu baş aşağı pozisyonda kalması gerekir; bu, taco şeklini oluşturmanın son adımıdır.
h) Soğutulmuş taco kabuklarını bir tabağa aktarın ve tortilla kabuğunun içine bir parça vanilyalı Yunan yoğurdu koyun; Kabuğun altını ve yanlarını düzleştirmek ve kaplamak için bir kaşık kullanın.
i) En sevdiğiniz meyveyi kabuğa dökün ve tadını çıkarın!

83.Baharatlı ton balığı kaseleri

İÇİNDEKİLER:

- 1 su bardağı uzun taneli kahverengi pirinç
- 3 yemek kaşığı zeytinyağı mayonezi
- 3 yemek kaşığı Yunan yoğurdu
- 1 yemek kaşığı sriracha sosu veya tadı daha fazla
- 1 yemek kaşığı limon suyu
- 2 çay kaşığı sodyumu azaltılmış soya sosu
- İki adet 5 onsluk ton balığı konservesi süzüldü ve durulandı
- Tadına göre kaşer tuzu ve taze çekilmiş karabiber
- 2 su bardağı kıyılmış lahana
- 1 yemek kaşığı kavrulmuş susam
- 2 çay kaşığı kızarmış susam yağı
- 1½ bardak doğranmış İngiliz salatalık
- ½ bardak turşusu zencefil
- 3 yeşil soğan, ince dilimlenmiş
- ½ fincan kıyılmış kavrulmuş nori

TALİMATLAR:

a) Pirinci paketin üzerindeki talimatlara göre 2 bardak su ile orta boy bir tencerede pişirin ve bir kenara koyun.

b) Küçük bir kapta mayonez, yoğurt, sriracha, limon suyu ve soya sosunu birlikte çırpın. İkinci bir kaseye 2 yemek kaşığı mayonez karışımını dökün, üzerini örtün ve soğutun. Ton balığını kalan mayonez karışımına karıştırın ve hafifçe karıştırın, tuz ve karabiberle tatlandırın.

c) Orta boy bir kapta lahanayı, susam tohumlarını ve susam yağını birleştirin ve tuz ve karabiberle tatlandırın.

d) Pirinci yemek hazırlama kaplarına bölün. Üzerine ton balığı karışımı, lahana karışımı, salatalık, zencefil, yeşil soğan ve nori ekleyin. 3 güne kadar buzdolabında saklayın.

e) Servis yapmak için mayonez karışımını gezdirin.

TATLI

84.Snickers Dondurulmuş Yoğurt

İÇİNDEKİLER:
- 2 bardak Yunan yoğurdu
- ¼ bardak bal
- ¼ bardak doğranmış Snickers barları
- ¼ bardak kavrulmuş fıstık, doğranmış

TALİMATLAR:
a) Bir karıştırma kabında Yunan yoğurtunu ve balı birleştirin.
b) Kıyılmış Snickers barlarını ve kavrulmuş fıstıkları karıştırın.
c) Karışımı dondurucuya dayanıklı bir kaba dökün.
d) Buz kristallerinin oluşmasını önlemek için her 30 dakikada bir karıştırarak 2-3 saat dondurun.
e) Dondurulduktan sonra servis yapmadan önce birkaç dakika oda sıcaklığında bekletin.

85.Limoncello Yaban Mersinli Dondurulmuş Yoğurt

İÇİNDEKİLER:

- 2 bardak sade Yunan yoğurdu
- ½ bardak Limoncello likörü
- ½ bardak bal
- 1 yemek kaşığı taze limon suyu
- 1 su bardağı taze yaban mersini

TALİMATLAR:

a) Bir karıştırma kabında Yunan yoğurtunu, Limoncello likörünü, balı ve limon suyunu iyice birleşene kadar çırpın.

b) Karışımı bir dondurma makinesine dökün ve üreticinin talimatlarına göre çalkalayın.

c) Çalkalamanın son birkaç dakikasında taze yaban mersinlerini ekleyin ve eşit şekilde dağılana kadar çalkalamaya devam edin.

d) Dondurulmuş yoğurdu hava geçirmez bir kaba aktarın ve sertleşmesi için 2-3 saat daha dondurun.

e) Limoncello dondurulmuş yoğurdu üzerine taze yaban mersini ile servis edin.

86.Yunan Yoğurtlu Hatmi Mus

İÇİNDEKİLER:

- 250 gr votka katkılı marshmallow
- 200 ml yarım buçuk
- ½ bardak Yunan yoğurdu
- İsteğe göre 3 damla mor gıda jeli
- İsteğe göre 3 damla pembe gıda jeli
- İsteğe göre 3 damla portakallı gıda jeli

TALİMATLAR:

a) Düşük ateşte, marshmallow'ları ve yarım buçuktan 2 yemek kaşığı küçük bir tencerede sürekli karıştırarak yavaşça pişirin. Kolayca yanabilirler, bu yüzden onlara dikkat edin.

b) Ateşten alın ve yanabilecek gibi görünüyorlarsa karıştırmaya devam edin.

c) Marshmallowlar eriyip karışım pürüzsüz hale gelince 5 dakika soğumaya bırakın.

d) Kalan yarım buçuk ve yoğurdu ekleyip karıştırın.

e) Katman sayısına göre karışımı kaselere paylaştırın ve mor, pembe ve turuncu jellerle renklendirin.

f) Katmanlamak için, ilk katmanı yavaşça servis bardaklarına kaşıklayın. 5-10 dakika soğutun. Katmanların geri kalanıyla tekrarlayın.

g) İhtiyaç duyulana kadar buzdolabında saklayın.

87. Doğum Günü Kahvaltısı Pazarları

İÇİNDEKİLER:

- 2 bardak vanilyalı yoğurt veya Yunan yoğurdu
- 1 su bardağı granola veya dilediğiniz mısır gevreği
- Taze meyveler (çilek, yaban mersini veya ahududu gibi)
- Dilimlenmiş muz
- Krem şanti
- Gökkuşağı serpintileri
- Akçaağaç şurubu veya bal (isteğe bağlı)

TALİMATLAR:

a) Bireysel servis kaseleri veya bardaklarının altına bir kat vanilyalı yoğurt ekleyerek başlayın.
b) Yoğurt tabakasının üzerine bol miktarda granola veya mısır gevreği serpin.
c) Granolanın üzerine bir kat taze meyve ve dilimlenmiş muz ekleyin.
d) Kaseler veya bardaklar dolana kadar katmanları tekrarlayın ve üstüne bir kat yoğurt koyun.
e) Her dondurmanın üzerine bir parça çırpılmış krema ekleyin.
f) Şenlikli bir dokunuş eklemek için çırpılmış kremanın üzerine gökkuşağı serpintileri serpin.
g) İsterseniz ekstra tatlılık için dondurmanın üzerine az miktarda akçaağaç şurubu veya bal gezdirin.
h) Üzerine ilave taze meyveler ve bir tutam granola veya mısır gevreği ile süsleyin.
i) Doğum günü kahvaltısı dondurmalarını hemen servis edin ve kremalı yoğurt, çıtır granola ve taze meyvelerin enfes kombinasyonunun tadını çıkarın.

88. Mango ve yoğurt aptalı

İÇİNDEKİLER:

- 2 olgun mango, soyulmuş ve doğranmış
- 2 yemek kaşığı toz şeker
- 1 su bardağı sade yoğurt
- 1 su bardağı krem şanti
- 1 çay kaşığı vanilya özü
- Süslemek için taze nane yaprakları (isteğe bağlı)

TALİMATLAR:

a) Bir mangoyu blender veya mutfak robotunda pürüzsüz hale gelinceye kadar püre haline getirin. Bir kenara koyun.

b) Bir karıştırma kabında doğranmış mangoları toz şekerle birleştirin. Mangoları şekerle kaplayın ve meyve sularını salmaları için birkaç dakika bekletin.

c) Ayrı bir kapta sade yoğurt ve vanilya özünü pürüzsüz hale gelinceye kadar çırpın.

d) Çırpılmış kremayı iyice birleşene kadar yavaşça yoğurt karışımına katlayın.

e) Püre haline getirilmiş mangoyu yoğurt ve krema karışımına ekleyin. Mermer efekti oluşturmak için yavaşça döndürün.

f) Mango ve yoğurt karışımını servis bardaklarına veya kaselere paylaştırın.

g) Üzerine şekerli doğranmış mangoları ekleyin ve porsiyonlara eşit şekilde dağıtın.

h) Arzu ederseniz taze nane yapraklarıyla süsleyin.

i) Tatların birbirine karışmasını ve tatlının soğumasını sağlamak için mango ve yoğurt aptalını en az 1 saat buzdolabında saklayın.

j) Mango ve yoğurdu soğuk olarak servis edin.

89. Matcha, Yuzu ve Mangolu Dondurmalar

İÇİNDEKİLER:
- 2 çay kaşığı matcha çayı
- 1½ bardak dondurulmuş mango
- 5 küçük nane yaprağı
- 1 küçük kase sade Yunan yoğurdu
- ½ su bardağı şekersiz badem sütü
- 1 yemek kaşığı bal

TALİMATLAR:

a) Öncelikle buzlu şeker kalıplarınızı çıkarın ve kullanıma hazır olun!

b) Tüm malzemeleri blendera koyun ve pürüzsüz hale gelinceye kadar karıştırın. Bu, blenderinize bağlı olarak birkaç dakika sürebilir.

c) Karışımı buzlu şeker kalıplarına dökün ve gece boyunca dondurun.

d) Ertesi gün, buzlu şekerin kalıptan kolayca çıkması için buzlu şekerleri birkaç saniye sıcak su altında tutun.

e) Yiyin ve tadını çıkarın!

90.Pişirmesiz Çarkıfelek Meyveli Cheesecake

İÇİNDEKİLER:

BİSKÜVİ TABANI İÇİN
- 200 g Zencefilli bisküvi, diğer adıyla gingersnaps
- 100 gr Tereyağı

CHEESECAKE DOLGUSU İÇİN
- 400 gr Tam yağlı Philadelphia krem peyniri
- 100 gr Pudra şekeri
- 2 Jelatin yaprağı Platinum sınıfı, daha sıkı bir set için 3'ü kullanın
- 200 ml Duble krema
- 100 gr Yunan yoğurdu
- 15 ml Limon suyu
- 2 çay kaşığı Vanilya fasulyesi ezmesi
- 100 ml Çarkıfelek meyvesi püresi

ÇARKIFELEK JELİ ÜSTÜ İÇİN
- 100 ml Çarkıfelek meyvesi püresi
- 100 ml Çarkıfelek meyvesi posası
- 75 gr Pudra şekeri
- 2 Jelatin yaprağı

TALİMATLAR:

BİSKÜVİ TABAN
a) Zencefilli bisküvileri mutfak robotunda ince ekmek kırıntısı görünümü alana kadar çekin.
b) Tereyağını eritip bisküvi kırıntılarına ekleyip karıştırın.
c) Bu karışımı fırın tepsisinin tabanına dökün ve düzleştirin.

PEYNİR DOLGU
a) Soğuk suyla dolu bir kaseye 2 jelatin yaprağı koyun. Yumuşaklaşana kadar 5-19 dakika bekletin.
b) Krem peyniri ve şekeri pürüzsüz olana kadar birlikte çırpın.
c) Yunan yoğurtunu ve vanilya fasulyesi ezmesini ekleyin ve karıştırın.
d) Daha sonra tutku meyvesi püresini ve limon suyunu bir tavada ılık olana kadar ısıtın.
e) Jelatin tabakalarını sudan boşaltın, tavaya ekleyin ve eriyene kadar karıştırın.
f) Meyve sularını cheesecake hamuruna çırpın; katılaşmaya başlamasını önlemek için sıvıyı döktükten sonra hızlı bir şekilde çırpın.
g) Kremayı ekleyin ve bir kaşığın içine girebileceği kadar kalınlaşana kadar çırpın.

h) Bisküvi tabanının üzerine kaşıkla dökün ve keskin bir bıçak yardımıyla düzeltin. 3 saat soğutun.

Passionmeyveli jöle tepesi

a) Geriye kalan 2 jelatin yaprağını soğuk suya koyup yumuşamaya bırakın.

b) Çarkıfelek meyvesi püresini ve taze çarkıfelek meyvesi posasını şekerle birlikte küçük bir tavaya koyun ve şeker eriyene kadar yaklaşık 60C/120F'ye ısıtın.

c) Jelatini boşaltın, tavaya ekleyin ve karıştırarak çözünmesini sağlayın.

d) Yaklaşık 40C/ 80F'ye soğumaya bırakın ve ardından cheesecake'in üzerine dökün.

e) Cheesecake'i 3 saat daha buzdolabına kaldırın.

91.Alaska deniz ürünleri turtaları

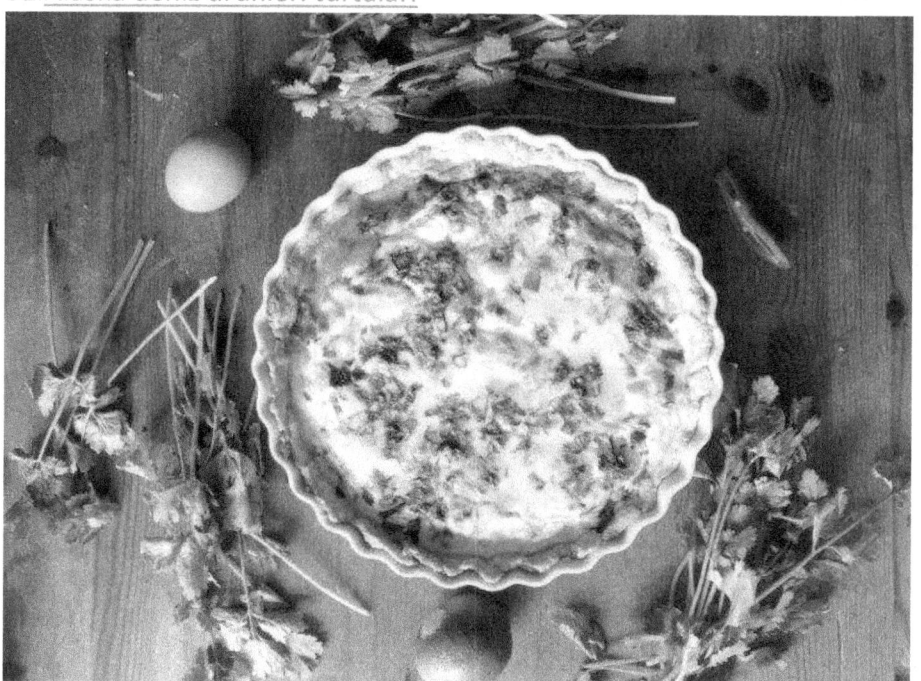

İÇİNDEKİLER:

- 418 gram Konserve Alaska somonu
- 350 gram Paket yufka
- 3 yemek kaşığı Ceviz yağı
- 15 gram Margarin
- 25 gram sade un
- 2 yemek kaşığı Yunan yoğurdu
- 175 gram Deniz ürünleri çubukları; doğranmış
- 25 gram kıyılmış ceviz
- 100 gram rendelenmiş parmesan

TALİMATLAR:

a) Her yufka yaprağını yağla fırçalayın ve on altı adet 12,5 cm / 5 inç kareye katlayın. Sivri köşeleri kenardan dışarı çıkacak şekilde her pasta tabağına bir kare koyun.

b) Fırçayla yağlayın, ardından birinci karenin üzerine ikinci bir kare hamur işi koyun, ancak nilüfer etkisi yaratmak için köşeleri orijinal karelerin arasına bakacak şekilde yerleştirin.

c) Fırın sıcaklığını 150 C, 300 F, Gaz işareti 2'ye düşürün. Margarini eritin ve unu ekleyip karıştırın. Topakları gidermek için iyice çırparak balık suyunu karıştırın.

d) Yoğurt, deniz ürünleri çubukları, ceviz ve pul pul somonu sosun içine karıştırın ve 8 hamur işi kalıbına eşit olarak bölün.

e) Üzerine galeta ununu serpip tekrar fırına verip 5-8 dakika kadar pişirin.

92. Amaretti bisküvili dondurma

Yaklaşık 6 porsiyon

İÇİNDEKİLER:
- 500 gr karton hazır muhallebi, soğutulmuş
- 250g/9 oz sade Yunan yoğurdu, soğutulmuş
- 115g/4 oz amaretti bisküvisi

TALİMATLAR:
a) Muhallebi ve yoğurdu geniş bir kaba alıp çırpma teli ile iyice karıştırın.

b) Amaretti bisküvilerini ince kırıntılara kadar ezin (bir robot veya blender kullanın veya plastik bir yemek poşetine koyun ve oklavayla hafifçe ezin).

c) Bisküvi kırıntılarını muhallebi ve yoğurt karışımına karıştırın.

d) Karışımı dondurma makinesine dökün ve talimatlara göre dondurun.

e) Uygun bir kaba aktarın ve gerekinceye kadar dondurun.

93.Yunan Affogato'su

İÇİNDEKİLER:
- 1 kaşık Yunan yoğurdu gelato veya dondurulmuş yoğurt
- 1 shot uzo (anason aromalı likör)
- 1 shot espresso
- Bal

TALİMATLAR:
a) Servis bardağına bir kepçe Yunan yoğurdu gelato veya dondurulmuş yoğurt koyun.
b) Gelatonun üzerine bir shot uzo dökün.
c) Bir shot sıcak espresso ekleyin.
d) Bal ile gezdirin.
e) Hemen servis yapın ve Yunan esintili yoğurt, anason ve espresso kombinasyonunun tadını çıkarın.

94. Romlu Altın İncir Buz

İÇİNDEKİLER:

- 150 gr yemeye hazır kuru incir
- 250 gr karton mascarpone peyniri
- 200 gr karton Yunan yoğurdu
- 2 yemek kaşığı hafif muscovado şekeri
- 2 yemek kaşığı koyu rom

TALİMATLAR:

a) İncirleri mutfak robotuna veya blendera koyun. Mascarpone peyniri, yoğurt, şeker ve romu ekleyin. Pürüzsüz olana kadar karıştırın, gerektiğinde kenarlarını kazıyın.

b) Kapağını kapatın ve soğuyuncaya kadar yaklaşık 30 dakika buzdolabında saklayın.

c) Karışımı dondurma makinesine dökün ve talimatlara göre dondurun.

d) Uygun bir kaba aktarın ve gerekinceye kadar dondurun.

95.Portakal Likörü ve Gülsuyu Dondurma

İÇİNDEKİLER:

- 200g karton Yunan yoğurdu, soğutulmuş
- 284ml karton çift krema, soğutulmuş
- 85g/3 oz. pudra şekeri
- 4 yemek kaşığı portakal likörü
- 1 yemek kaşığı portakal çiçeği suyu
- 1 yemek kaşığı gül suyu
- 1 küçük limon

TALİMATLAR:

a) Yoğurt ve kremayı büyük bir sürahiye boşaltın.

b) Çırpma teli ile şekeri, likörü, portakal çiçeği suyunu ve gül suyunu ekleyip karıştırın.

c) Limonu yarıya bölün ve suyunu sıkın. Sürahiye karıştırın.

d) Kapağı kapatın ve 20-30 dakika veya iyice soğuyuncaya kadar buzdolabında saklayın.

e) Karışımı dondurma makinesine dökün ve talimatlara göre dondurun.

f) Uygun bir kaba aktarın ve gerekinceye kadar dondurun.

96. Hurma Püreli Yunan Yoğurtlu Panna Cotta

İÇİNDEKİLER:
PANNA COTTA İÇİN:
- 1 bardak ağır krema
- 1/3 su bardağı şeker
- 1/8 çay kaşığı tuz
- 1 çay kaşığı vanilya özü
- 1 zarf aromasız jelatin
- 2 bardak Yunan yoğurdu

Hurma Püresi İçin:
- 2 bardak hurma (çekirdeği çıkarılıp suya batırılır, ardından blenderde macun haline getirilir)
- şekeri tatmak
- 1 yemek kaşığı mısır nişastası

TALİMATLAR:

a) Küçük bir kapta 1 zarf jelatini 3 yemek kaşığı suyla karıştırın ve 5 dakika bekletin.

b) Bir sos tavasında ağır kremayı, şekeri, tuzu ve vanilya özünü karıştırın. Şeker tamamen eriyene kadar orta ateşte yaklaşık 5 dakika (sürekli karıştırarak) pişirin. Kaynatmanıza gerek yok ancak tüm malzemeleri karıştıracak kadar ısıtın.

c) Ocağı kapatın ve çözünmüş jelatini karışıma ekleyin ve iyice birleşene kadar çırpın.

d) 2 bardak Yunan yoğurdu ekleyin ve pürüzsüz bir kıvam elde edinceye kadar iyice karıştırın.

e) Bu karışımı 4 bardağa paylaştırın ve buzdolabında birkaç saat bekletin.

TARİH PÜRESİ:

f) Bir tencerede hurmaları ve püre şekeri karıştırıp kaynatın ve 3-4 dakika kadar pişirin.

g) Mısır nişastasını 3 yemek kaşığı suyla karıştırıp sosa ekleyin. Bir dakika kadar iyice karıştırdıktan sonra ateşi kapatın. Sosu soğumaya bırakın ve soğumuş Panna Cotta'nın üzerine kaşıkla dökün.

h) Plastik ambalajla örtün ve birkaç saat daha buzdolabında saklayın.

i) Tatlıyı servis etmeden önce üzerine doğranmış hurma ve nane yapraklarını ekleyin.

97.Açaí Dondurmaları

İÇİNDEKİLER:

- 3½-4 bardak taze karışık meyveler çilek, ahududu, yaban mersini ve böğürtlen
- ¾ fincan sade veya vanilyalı Yunan yoğurdu
- ½ bardak süt
- ¼ bardak şeker kamışı veya şeker yerine
- 2 yemek kaşığı Açaí tozu veya 1 paket dondurulmuş Açaí

TALİMATLAR:

a) Meyveleri yıkayarak hazırlayın. Çileklerin saplarını kesin.

b) Yüksek hızlı bir karıştırıcıya çilek, yoğurt, süt, şeker ve Açaí tozunu ekleyin. Pürüzsüz olana ve tohumlar yaklaşık 2 dakika parçalanana kadar karıştırın.

c) Dondurma kalıplarına dökün. Kalıpların her birinin ortasına buzlu şeker çubuklarını yapıştırın.

d) Tamamen donana kadar dondurun.

e) Dondurmaları kalıptan çıkarın ve servis yapın.

f) Dondurucuda hava geçirmez bir kapta veya Ziploc'ta 3 aya kadar saklayın.

98. Çıtır çıtır yoğurt şekeri çıkar

İÇİNDEKİLER:

- 1 bardak iyi kıvamlı bal
- 3 bardak kalın Yunan yoğurdu
- 1 bardak ağır krema, hafifçe çırpılmış
- 1 çay kaşığı saf vanilya özü
- şeker serpilir

TALİMATLAR:

a) Balı yumuşatmak için çok hafif ısıtın. Yoğurt, çırpılmış krema ve vanilyayı karıştırın ve sığ bir kaba dökün, bir veya iki kez çatalla karıştırarak dondurun. 1 saat dondurun, bir çatalla parçalayın ve sert ancak kaşıkla kullanılabilir hale gelinceye kadar bir saat daha dondurun.

b) Bir tepsiyi yapışmaz kağıtla hizalayın. Hayvan şeklindeki veya diğer kurabiye kalıplarını tavaya yerleştirin ve üst kısımlarını düzleştirdiğinizden emin olarak dondurmayla doldurun.

c) Gerçekten sertleşinceye kadar 1 ila 2 saat boyunca hızla dondurucuya geri koyun.

d) Servis etmeye hazır olduğunuzda, dondurmayı kalıplardan dikkatlice buz gibi soğuk bir tabağa itin. Yüzeyin yumuşamaya başlaması için 1 veya 2 dakika bekleyin.

e) Daha sonra bir veya iki tahta şiş kullanarak bir veya iki tarafını bir kase serpme içine batırın. Hemen dondurucuya koyun çünkü çok çabuk erimeye başlayacaklar.

f) Servis yapmak için her birine bir dondurma çubuğu yerleştirin.

99.Ahududu Yoğurtlu Dondurmalar

İÇİNDEKİLER:

- 1 su bardağı taze ahududu
- ½ fincan vanilyalı Yunan yoğurdu
- ¼ bardak bal
- ¼ bardak badem sütü

TALİMATLAR:

a) Ahududu, Yunan yoğurdu, bal ve badem sütünü bir karıştırıcıda birleştirin. Pürüzsüz olana kadar karıştır.

b) Karışımı buzlu şeker kalıplarına dökün ve üst kısmında genleşme için biraz yer bırakın.

c) Dondurma çubuklarını yerleştirin ve en az 4 saat veya tamamen donuncaya kadar dondurun.

d) Dondurmaları kalıplardan çıkarmak için, kolayca çıkana kadar birkaç saniye ılık suyun altında tutun.

100. Balkabaklı Pasta Cheesecake Kaseleri

İÇİNDEKİLER:

- 4 ons krem peynir, yumuşatılmış
- 1 bardak sade Yunan yoğurdu ve üzeri için daha fazlası
- 1 su bardağı kabak püresi
- ¼ bardak akçaağaç şurubu
- 1 çay kaşığı vanilya özü
- 2 çay kaşığı öğütülmüş tarçın
- 1 çay kaşığı öğütülmüş zencefil
- ½ çay kaşığı öğütülmüş hindistan cevizi
- Kaliteli Deniz tuzu
- 1 bardak granola
- Kavrulmuş kabak çekirdeği
- Doğranmış cevizler
- Nar taneleri
- Kakao parçacıkları

TALİMATLAR:

a) Krem peyniri, yoğurdu, kabak püresini, akçaağaç şurubunu, vanilyayı, baharatları ve bir tutam tuzu bir mutfak robotu veya blenderin kasesine ekleyin ve pürüzsüz ve kremsi bir kıvama gelinceye kadar işleyin. Bir kaseye aktarın, üzerini örtün ve buzdolabında en az 4 saat soğutun.

b) Servis etmek için granolayı tatlı kaselerine paylaştırın. Balkabağı karışımını, bir parça Yunan yoğurtunu, kabak çekirdeğini, cevizleri, nar tanelerini ve kakao çekirdeklerini ekleyin.

c) Orta boy bir tencereye farroyu, 1¼ bardak suyu ve bir tutam tuzu ekleyin. Kaynatın, ardından ısıyı en aza indirin, kapağını kapatın ve farro hafif bir çiğneme ile yumuşayana kadar yaklaşık 30 dakika pişirin.

d) Şekeri, kalan 3 yemek kaşığı suyu, vanilya çekirdeğini, tohumları ve zencefili küçük bir tencerede orta-yüksek ateşte birleştirin. Kaynatın, şeker eriyene kadar çırpın. Ateşten alın ve 20 dakika demleyin. Bu arada meyveleri hazırlayın.

e) Greyfurtun uçlarını dilimleyin. Düz bir çalışma yüzeyine yerleştirin, tarafı aşağı bakacak şekilde kesin. Meyvenin kıvrımını takip ederek kabuğu ve beyaz özünü yukarıdan aşağıya doğru kesmek için keskin bir bıçak kullanın. Meyve parçalarını çıkarmak için zarların arasını kesin. Kan portakalını soymak ve parçalara ayırmak için aynı işlemi tekrarlayın.

f) Zencefil ve vanilya çekirdeğini şuruptan çıkarın ve atın. Servis yapmak için farroyu kaselere bölün. Meyveleri kasenin üst kısmına yerleştirin, üzerine nar taneleri serpin ve ardından zencefil-vanilya şurubunu gezdirin.

ÇÖZÜM

Yoğurtla dolu bu yolculuğun sonuna yaklaşırken, bu yemek kitabında paylaşılan tarif ve bilgilerin, Yunan yoğurtunun büyüsünü kendi mutfağınızda kucaklamanız için size ilham verdiğini umuyoruz. Yunan yoğurtunun olanakları sonsuzdur ve sizi yeni lezzet kombinasyonlarını denemeye ve keşfetmeye devam etmeye teşvik ediyoruz.

İster Yunan yoğurdunu kremalı bir makarna sosuna karıştırıyor olun, ister en sevdiğiniz tariflerde ekşi krema yerine kullanıyor olun, ister ferahlatıcı bir smoothie'ye karıştırıyor olun, Yunan yoğurdunun her yemeğe hem kremalılık hem de besleyici bir etki kattığını unutmayın.

"Yoğurt Odyssey: Yunan Yoğurtunun Lezzetlerini Keşfetmek" kitabının hayal gücünüzü harekete geçirdiğini ve yemeklerinizi Yunan yoğurtunun iyiliğiyle doldurmanız için sizi güçlendirdiğini umuyoruz. İster deneyimli bir aşçı olun ister yoğurt meraklısı olun, bu yemek kitabı sayısız lezzetli maceraya atılırken bir ilham ve keyif kaynağı olsun.

Öyleyse malzemelerinizi toplayın, Yunan yoğurtunun kremalı dokusunu kucaklayın ve damak tadınızın nefis bir lezzet yolculuğuna çıkmasına izin verin. Yarattığınız her yemekle, yeni mutfak olanaklarını keşfetmenin ve vücudunuzu sağlıklı, lezzetli yiyeceklerle beslemenin keyfini çıkarın. Mutlu yemek pişirme!

www.ingramcontent.com/pod-product-compliance
Lightning Source LLC
Chambersburg PA
CBHW070414120526
44590CB00014B/1395